大数据背景下高校教育管理信息化研究

马静婷　王　斌　赵　勃 ◎著

中国出版集团　现代出版社

图书在版编目（CIP）数据

大数据背景下高校教育管理信息化研究 / 马静婷，
王斌，赵勃著. -- 北京：现代出版社，2023.2
ISBN 978-7-5231-0194-0

Ⅰ．①大… Ⅱ．①马… ②王… ③赵… Ⅲ．①高等学
校－教育管理－信息化－研究 Ⅳ．①G640-39

中国国家版本馆CIP数据核字(2023)第023231号

大数据背景下高校教育管理信息化研究

作　　者	马静婷　王　斌　赵　勃
责任编辑	田静华
出版发行	现代出版社
地　　址	北京市朝阳区安外安华里504号
邮　　编	100011
电　　话	010-64267325　64245264(传真)
网　　址	www.1980xd.com
电子邮箱	xiandai@cnpitc.com.cn
印　　刷	北京四海锦诚印刷技术有限公司
版　　次	2023年2月第1版　2023年2月第1次印刷
开　　本	185 mm×260 mm　1/16
印　　张	11.25
字　　数	263千字
书　　号	ISBN 978-7-5231-0194-0
定　　价	58.00元

前言
PREFACE

当下是一个高速发展的社会，科技发达，信息流通，人们之间的交流越来越密切，生活也越来越方便，大数据就是这个时代的产物。大数据是对大量、动态、能持续的数据，运用新系统、新工具、新模型的挖掘，从而获得具有洞察力和新价值的信息。教育管理在高校管理工作中处于核心地位，贯穿于教学工作的各个阶段，可以帮助高校实现资源最佳配置、科学安排教学计划，使教学工作得以顺利进行。

在知识经济时代，行业市场中的竞争等同于人力资源的竞争，而优秀人才的培养则要依赖于科学高效的教育。教育信息化最主要的目标是将信息技术巧妙地应用到高校的教育管理工作中，借助于网络的力量来丰富高校教育内容，以便更好地满足现代创新人才的需求。高校的教育管理水平想要达到新高度，就必须积极改进传统教育管理方法，不仅要合理应用先进大数据信息技术，而且还要整合一切现有资源，将其实际价值淋漓尽致地发挥出来。

基于此，笔者撰写了《大数据背景下高校教育管理信息化研究》一书，在内容编排上共设置六章，分别为：大数据背景下高校教育管理概论、大数据背景下高校教育管理及体系建设、大数据背景下高校学生教育管理信息化、大数据背景下高校行政教育管理信息化、大数据背景下高校教育质量管理信息化、大数据背景下高校教育管理信息化的创新研究。

本书总结和推广成功经验，以推进信息技术与高等教育的深度融合，促进教育内容、教学手段和方法现代化，创新人才培养、行政管理模式，促进管理流程优化、提高管理水平与效率，推动文化传承创新。另外，本书内容涵盖方面较多，对于在大数据背景下推动高校教育管理信息化有重要的参考与指导意义，可供高校领导、信息化部门负责人和其他业务部门信息化负责人以及信息化管理与技术人员参考使用。

由于时间的仓促，作者水平有限，难免存在不足之处，在本书出版之际，我们真诚地希望读者对本书提出宝贵的意见和建议。

目录
CONTENTS

第一章 大数据背景下高校教育管理概论

第一节 大数据的内涵与特点

一、大数据的内涵

（一）大数据的概念界定

大数据这个概念是由最先经历信息爆炸的学科，如天文学和基因学创造出来的。如今这个概念已经应用到了几乎所有人类致力于发展的领域中。

大数据并非一个确切的概念。最初，这个概念是指需要处理的信息量过大，已经超出了一般电脑在处理数据时所能使用的内存量，因此工程师们必须改进处理数据的工具。大数据这个术语最早应用于 apacheorg 的开源项目 Nutch，用来表达批量处理或分析网络搜索索引产生的大量数据集。

在数据分析领域，大数据是前沿技术，大数据以及数据仓库、数据分析、数据安全、数据挖掘是 IT 行业时下最火爆的词汇，大数据的商业价值已经成为信息行业争相追逐的焦点。大数据包括各种互联网信息，更包括各种交通工具、生产设备、工业器材上的传感器，随时随地进行测量，不间断传递着海量的信息数据。利用新处理模式，大数据具有更强的决策力和洞察力，能够优化流程，实现高增长率，处理海量的多样化信息资产。概括而言，大数据技术可以快速处理不同种类的数据，从中获得有价值的信息，并快速处理。只有快速才能发挥实际作用。

随着网络、传感器和服务器等硬件设施全面发展，大数据技术促使众多企业融合自身需求，创造出难以想象的经济效益，实现巨大的社会价值和商业价值。

各行各业利用大数据产生极大增值和效益，表现出前所未有的社会能力，而绝不只是数据本身。所以，大数据可以定义为在合理时间内采集、处理大规模资料，帮助使用者更有效决策的社会过程。

如今，大数据被认为是一种人们在大规模数据的基础上可以做到的事情。大数据是人们获得新的认知、创造新的价值的源泉，大数据还为改变各种关系服务。

（二）大数据的本质分析

观察人类认识史可以发现，对信息的认识史就是人类的认识进步史与实践发展史。人类历史上经历过四次信息革命。第一次是创造语言。语言表明人类要求表达、认识世界并开始作用于世界。通过语言产生思维，将事物的信息抽象表达为声音这个即时载体，但语言的限制和缺点是无法突破个体的时空。第二次是创造文字以及随之而来的造纸与印刷的技术，实现了人类远距离和跨时空的思想传递。人类因此扩大联合，文字虽然突破了时间空间上的限制，但需要耗费太高的交流成本和传播成本。第三次是发明电信通信——电报、广播、电视，实现了文字、声音和图像信息的远距离即时传递，为电子计算机与互联网创造奠定了基础。第四次是电子计算机与互联网的创造，是一次空前的伟大综合。现代通信技术和电子计算机的有效结合，使信息的传递速度和处理速度得到了巨大的提高。人类掌握信息、利用信息的能力达到了空前的高度，人类社会进入了信息社会。从一定意义上说，人类文明史是一部信息技术的发展进化历史。

1. 信息

信息是适应控制外部世界的过程中，同外部世界交换的内容，信息就是信息，既非物质，也非能量。

从本体论层次看，信息可定义为事物的存在方式和运动状态的表现形式。事物泛指存在于人类社会、思维活动和自然界中一切可能的对象，存在方式指事物的内部结构和外部联系，运动状态指事物在时空变化的特征和规律。从认识论层次看，信息是主体所感知或表述的事物存在的方式和运动状态。主体所感知的是外部世界向主体输入的信息，主体所表述的则是主体向外部世界输出的信息。

2. 数据

数据就是指能够客观反映事实的数字和资料，可定义为用有意义的实体表达事物的存在形式，是表达知识的字符集合。性质可分为表示事物属性的定性数据和反映事物数量特征的定量数据。按表现形式可分为数字数据和模拟数据，模拟数据又可以分为符号数据、文字数据、图形数据和图像数据等。

数据在计算机领域是指可以输入电子计算机的一切字母、数字、符号，具有一定意义能够被程序处理，是信息系统的组成要素。数据可以记录或传输，并通过外围设备在物理介质上被计算机接受，经过处理而得到结果。计算机系统的每个操作都要处理数据，通过转换、检索、归并、计算、制表和模拟等操作，经过解释并赋予一定的意义之后便成为信息，可以得到人们需要的结果。分析数据中包含的主要特征，就是对数据进行分类、采集、录入、储存、统计检验、统计分析等一系列活动，接收并且解读数据才能获取信息。

3. 数据与信息

数据是信息的载体，信息是有背景的数据，而知识是经过人类的归纳和整理，最终呈现规律的信息。但进入信息时代之后，"数据"二字的内涵开始扩大：不仅指代"有根据的数字"，还统指一切保存在电脑中的信息，包括文本、图片、视频等。

简单而言，信息是经过加工的数据，或者说，信息是数据处理的结果。信息与数据是不可分离的，数据是信息的表现形式，信息是数据的内涵。数据本身并没有意义，数据只有对实体行为产生影响时才成为信息。信息可以离开信息系统而独立存在，也可以离开信息系统的各个组成部分和阶段而独立存在；而数据的格式往往与计算机系统有关，并随载荷它的物理设备的形式而改变。大数据可以被看作依靠信息技术支持的信息群。

（三）大数据的分类

1. 依据来源不同进行分类

大数据依据来源不同一般分为四类：科研数据、互联网数据、感知数据和企业数据。

（1）科研数据。科研数据在大数据时代前很久就存在，可能来自生物工程、天文望远镜或粒子对撞机，不一而足，这些数据存在于封闭系统中，使用者都是传统上做高性能计算（HPC）的企业，很多大数据技术脱胎于HPC。

科研数据存在于具有极高计算速度且性能优越的机器的研究机构，包括生物工程研究以及粒子对撞机或天文望远镜，例如位于欧洲的国际核子研究中心装备的大型强子对撞机，在其满负荷的工作状态下每秒就可以产生PB级的数据。

（2）互联网数据。互联网大数据是时代的主流，尤其社交媒体是近年来大数据的主要来源，几乎所有的大数据技术都源于快速发展的国际互联网企业。例如，以搜索著称的百度与谷歌的数据规模都已经达到上千PB的规模级别，而应用广泛、影响巨大的脸谱、雅虎、阿里巴巴的数据都突破上百PB级。互联网数据增长的驱动力包括：一是梅特卡夫定律；二是扎克伯格反复引用的信息分享理论：一个人分享的信息，每一到两年翻番。

（3）感知数据。进入移动互联网时代后，移动平台的感知功能和LBS的普及，基于位置的服务和移动平台的感知功能，感知数据逐渐与互联网数据越来越重叠，但感知数据的体量同样惊人，并且总量或许可能不亚于社交媒体。此外，企业数据种类繁杂，企业数据和感知数据本质上也并不是MECE（不重复、不遗漏）的划分。企业同样可以通过物联网收集大量的感知数据，增长极其迅猛。之所以把它们分为两类，是传统上认为企业数据是人产生的，感知数据是物、传感器、标识等机器产生的。企业外部数据则日益吸纳社交媒体数据，内部数据不仅有结构化数据，更多是越来越多的非结构化数据。由早期电子邮件和文档文本等扩展到社交媒体与感知数据，包括多种多样的音频、视频、图片、模拟信号等。

可以把企业数据和感知数据放在一起讲，是因为它们都涉及传统产业，从经济总量上要比互联网产业大很多，而且传统产业自身的大数据能力有限，所以这是大数据技术和服务企业的主要目标市场。但目前的现实是，就单个企业而言，具有大数据需求的并不多见。通过数据采集和分析来提升制造业的效率，会是个很大的市场，这是工业物联网，但未必是大数据。

互联网上的大数据不容易分类，如百度把数据分为用户搜索产生的需求数据以及通过公共网络获取的数据；阿里巴巴则根据其商业价值分为交易数据、社交数据、信用数据和移动数据；腾讯善于挖掘用户关系数据，并且在此基础上生成社交数据通过数据进行分析人们的许多想法和行为，从中发现文化活动、社会行为、商业发展、身体健康等各个领域的各种信息，进而可以预测未来。互联网大数据可以分为互联网金融数据以及用户消费产生的行为、地理位置以及社交等大量数据。

2. 根据使用主体进行分类

从社会宏观角度，根据其使用主体可分为三类：政府的大数据、企业的大数据、个人的大数据。

（1）政府的大数据。各级政府各个机构拥有海量的原始数据，构成社会发展与运行的基础，包括形形色色的环保、气象、电力等生活数据，道路交通、自来水、住房等公共数据，安全、海关、旅游等管理数据，教育、医疗、信用及金融等服务数据。

（2）企业的大数据。企业离不开数据支持有效决策。只有通过数据才能快速发展，实现利润，维护客户，传递价值，支撑规模，增加影响，撬动杠杆，带来差异，服务买家，提高质量，节省成本，扩大吸引力，开拓市场。企业需要大数据的帮助，才能对快速膨胀的消费者群体提供差异化的产品或服务，实现精准营销。网络企业更应该依靠大数据实现服务升级与方向转型，而传统企业面临无处不在的互联网压力，同样必须谋求变革，实现融合，不断前进。

随着信息技术的发展，数据成为企业的核心资产和基本要素，数据变成产业进而成长为供应链模式，慢慢连接为贯通的数据供应链。互联网时代，互相自由连通的外部数据的重要性逐渐超过单一的内部数据，企业个体的内部数据更是难以和整个互联网数据相提并论。综合提供数据，推动数据应用、整合数据加工的新型公司明显具有竞争优势。

大数据时代产生影响巨大的互联网企业，而传统 IT 公司随着网络社会的到来开始进入互联网领域，需要云计算与大数据技术改善产品、提升平台、实现升级，这两类公司相互借鉴、相互合作、彼此竞争。

（3）个人的大数据。每个人都能通过互联网建立属于自己的信息中心，积累、记录、采集、储存个人的一切大数据信息。根据相关法律的规定，经过本人亲自授权，所有个人相关信息将转化为有价值的数据，被第三方采集及快速处理，获得个性化的数据服务。各种可穿戴设备，包括植入的各种芯片都可以通过感知技术获得包括但不限于体温、心率、视力等各类身体数据，以及社会关系、地理位置、购物活动等各类社会数据。个人可以选择将身体数据授权提供给医疗服务机构，以便监测出当前的身体状况，制订私人健康计划；还能把个人金融数据授权给专业的金融理财机构，以便制定相应的理财规划并预测收益。

二、大数据的特点

（一）体量巨大

互联网搜索技术的进步、电商平台的全面覆盖以及社交平台的快速兴起，促进了多元化数据的产生，而且这些数据在未来甚至会呈指数增长。

就网络企业等相关投资者而言，这样的数据预测能够有效提升自信心。美国咨询公司麦肯锡对大数据进行了定义，指出大数据是传统数据库以及软硬件无法收集、储存和分析的巨大数据集。"随着数据种类不断增多，如视频、图片等信息增速的扩大，挖掘多元形式数据流间的关系成了大数据最为显著的优势。"[①] 例如，对供水系统数据和交通状况的数据资料进行关联分析，得到清晨洗浴与早高峰时间存在着密切关联的结论；将堵车地点时间的数据资料和电网运行的数据资料进行分析，得到的结论是睡眠质量与交通事故的发生率存在内部关联。

（二）开放公开

人们之所以重视收集大数据，主要目的是要开展数据分析。大数据并非只是在政府、企业等组织机构当中存在，还存在于社会生产、生活之中，具备自动性的特征。例如，电信企业累积客户的电话记录，电商网站整合消费者信息，企业通过对大数据进行充分的分析与挖掘，能够全面提高企业的综合实力，优化企业运营，提升企业决策准确度，推动商业智能的长效发展，为企业经济效益最大化目标的实现创造良好条件。在一定规则开放性的背景之下，借助应用程序接口与爬虫采集等技术手段，大量企业组织与政府

---

① 林榕 . 大数据背景下高校教育管理信息化发展与创新研究 [M]. 长春：吉林大学出版社，2019：7.

部门能够为社会各界以及科研等机构提供海量数据资源。开放公开容易获取的数据源，是大数据时代的基本特点。

（三）注重发现而非实证

实证研究特别关注构建理论假设，设定范围，并进行随机抽样，展开数据的定量调查与收集，从而证伪或证实理论假设。连续线性决策需要缜密的逻辑思维。大数据把关注点放在了数据方面，强调对数据的运用，创造知识，预测未来，挖掘本质，发现机遇。要实现对未来前景的预测，主要借助自下而上数据收集处理的方法，而不是依靠以理论假设为根基发现知识，预知未来，探寻规律。

（四）非结构化数据的涌现

数据挖掘关注的是未知有效信息与实用性强的知识，更多的属于非结构化数据，这是大数据时代非常突出的一个特点。如今，社交媒体会随时产生无数数据文本，造成大量具有价值的数据资料被隐藏在了信息海洋当中。大数据技术从海量文本资料当中挖掘信息，获知人们的态度与行为的相关信息，呼应舆情监测的社会需要与企业商机。在对大量非结构化数据进行收集处理和分析时，社会出现了大量新需要，技术领域产生了极大的变革，同时也让很多非关系型数据库得到发展，大量计算机新技术持续不断地产生。大数据涵盖数据挖掘、网络挖掘、文本挖掘、IT 和商业智能信息技术、决策支持系统及其在社会科学领域的应用。

第二节　大数据的发展及其时代意义

一、大数据的发展

（一）大数据的发展历程

人类在生产实践中发明了语言、文字和图形，但仅用这些还无法准确地描述世界，因此数字作为一项重要的改造世界的工具产生了，它把抽象的概念具体表达。人类的生产、交换等活动都是以数据为基础展开的，如度量衡、货币等的发明和出现，推动了人类文明的发展。

数据的测量产生了最早"有根据的数字"，即数据是对客观世界测量结果的记录，不是随意产生的。测量从一开始产生就是为科学服务的，从古至今，测量都是科学的主要手段，没有测量，就没有科学。测量出来的数据可以由计算再衍生出新数据。这样看来，一切数据都是人为的产物，但这时的数据还只具有传统意义，它和信息、知识是有严格区别的。

1. 大数据的起点

大数据的现代发展历史最早可追溯到美国统计学家赫尔曼·霍尔瑞斯，他被后世称为"数据自动处理之父"。他发明了电动"打孔卡片制表机"来对卡片特定位置上的孔洞进行识别，并加以自动统计，这一发明被运用于统计人口普查数据，该机器用两年半的时间就完成了预计耗时 13 年的人工统计工作量，这个惊人的速度就是全球进行数据自动处理的新起点。

大数据能够随着计算、挖掘次数的增多，不断自动调整自己算法的参数，使挖掘和预测的结果更为准确。即通过给机器"喂取"大量的数据，让机器可以像人一样通过学习逐步自我改善、提高，这也是该技术被命名为"机器学习"的原因。除了数据挖掘和机器学习，数据的分析、使用技术也已经非常成熟，并且形成了一个谱系。同时，社交媒体给全世界的网民提供了一个平台，使他们随时随地都可以记录自己的行为、想法，这种记录其实就是贡献数据。全世界的网民都开始成为数据的生产者，引发了人类历史上迄今为止最庞大的数据。

从人类发明第一台计算机进入信息时代算起，到社交媒体产生之前，主要是信息系统、传感器在产生和收集数据。但由于社交媒体的出现，人类自己也开始在互联网上生产数据，如发微博和发微信，记录各自的活动和行为。

2. 大数据的未来

大数据时代，人和社会、物理环境这两大领域的计算都将蓬勃兴起。物理环境领域的计算由来已久，而大数据时代最大的亮点就是人和社会的计算，越来越多的社会问题都将通过计算得到解决。换言之，由于大数据的出现，社会正逐渐变得可以计算。可以计算的原因是，个人在真实世界的活动和社会状态被前所未有地记录，这种记录的密度很高，频度也在不断增加，为社会领域的计算提供了极为丰富的数据。

此外，社会领域的计算、对类似知识和关系的捕捉，不仅能够有效推动社会治理，还能产生商业价值。总体而言，从根本上对处理大规模信息的现实需求，推动了大数据相关技术的迅速发展。起初国家安全是大数据技术的主要推动力，伴随超级计算机的发明，大数据的存储和处理技术，大数据分析算法的研发，最终导致大数据在教育、金融、医疗等许多方面，广泛应用。

除了在社会领域的计算正在兴起，物理环境领域的计算也面临着革命。动因就是"普适计算"。传感器、可穿戴设备等微小的计算设备将进一步普及，装备到全世界的各种物体，包括机器、电器、人体、动物、植物等需要监测的目标上，真正形成"万物皆联网，无处不计算"的状态。人类的数据总量将达到史无前例的爆炸性规模。

人类在进入机器大生产的时代之初，机器的效率不断提高，但到达一个临界点之后，就很难再优化了。当机器和机器相连，形成一个系统的时候，其效率问题就更为显著。一台机器的效率可能成为系统的"瓶颈"，一台机器的故障可能导致整个系统瘫痪，系统的复杂性使工程师常常顾此失彼，难以优化系统的效率。如果能通过传感器监测机器的运行状态，通过计算确认各类设备的良好程度，算准时间进行设备优化和维修更新，就能控制生产过程中的不确定性，减少意外情况带来的损失。

生活物联网的脚步越来越近，我们即将迈进一个智能家居的时代。远在外面却可以根据需要遥控家里的一切设备，并且因为所有家庭都是自动化控制，这些控制之间的连接可能还远远不止自动化这么简单，还有其他意想不到的作用。

物理环境领域计算的崛起将给全世界带来巨大的机遇。新一代的机器是能够记录自己行为以及与其他机器的交换数据的智能机器，在机器"出生"的时候，传感器就已经和机器一体化了。面对机器产生的海量数据，各行各业都需要制定很多数据标准，使同一类别的机器、同一品牌的机器产生的数据能够自由整合、对比和分析。我们还需要新的分析平台和工具。同时，因为生产过程中机器工作实时数据的获得，我们需要制定新的生产流程和规范，以提高各种决策的效率，在这个过程中，全世界会需要一大批数字机械工程师、软件工程师、数据科学家和人机交互界面专家。

另外，平台的智能来自大量数据。单个个体学习行为的数据似乎是杂乱无章的，但当数据累积到一定程度时，群体行为就会在数据上呈现一种秩序和规律。通过收集、分析大量数据，就能总结出这种秩序和规律，然后把这种规律变成不同的算法，和新的学习者的学习行为进行对比，为他们达成最佳的学习效果进行提示和导航，使每个学习者都可能得到个性化、有针对性的辅导。

（二）大数据的发展动因

大数据的发展不仅靠信息技术的不断创新，更离不开社会各领域的互相促进，社会需要是大数据技术发展的最大动力。大数据时代的数据规模较为庞大，传统的信息技术不具备进行快速分析、高效处理的能力，难以有效分析，获得价值，得到利用。感知采集数据储存分析加以商业化处理，推动大数据技术不断进步取得成功、实现应用，是当前最迫切的工作。挖掘大数据的价值依靠全社会支持和推动，结合世界趋势，大数据技术研发与其社会应用成为我国发展的战略重点。要体会数据技术与应用有机统一、互相促进的深刻内涵，以便掌握主动权，发展大数据。

1. 科学技术——创新推力

（1）社会网络的崛起。我们已经进入一个科学领域，随着云计算、云存储、物联网、二维码技术和基于位置的服务（LBS）互联网技术的广泛应用，人类的各种社会互动、沟通设备、社交网络和传感器正在生成海量数据。商业自动化导致海量数据存储，但用于决策的有效信息又隐藏在数据中，为了从数据中发现知识，以数据挖掘为代表的大数据分析技术应运而生。

第一，社交网络的价值性。在一定程度上，大数据的社会应用价值越来越多地来自新型的社交媒体。在这些影响巨大的微媒体社会背景下，大数据参与渗透进各种各样的商业应用领域，产生极大的社会影响。微博营销开始成为目前最显著的商业模式，是大数据最直接的商业应用。社会化媒体直接成为企业首选的营销工具。企业通过社会化媒体发布有效信息，直接影响和引导消费者，主动收集来自消费者的反馈信息，积极进行互动，成为利润来源的重要渠道。社交网络互动传播彻底改变传统大众媒体单向的传播方式，可以针对具体、特定、不同的目标群体，通过信息技术点对点直接传递不同的特定信息，影响舆论、改善声誉、建立美誉度，有助于形成购买决策。很多企业关注从海量采集的关系数据中提取发现真正有价值的商业信息，建立客户档案，实现精准营销，追踪目标客户，分析客户价值，建立商业模型。

第二，社交网络的应用性。社交媒体能够在极为短暂的时间内产生数量巨大的信息，而有效运用合理化的方法对海量数据应用，是当前急需解决的重大难题。社会化媒体一定要掌握数据处理的方法。

（2）物联网发展的促进作用。随着物联网迅速发展，各种行业、不同地域以及各个领域的物体都被关联起来。物联网通过形形色色的传感器将现实世界中产生的各种信息收集为电子数据，并把信号直接传递到计算机中心处理系统，必然造成数据信息膨胀，数据总量极速增长。

第一，物联网形成产业链。物联网信息涵盖物联管理对象、物联感知设备、物联实时信息。如果把数据来源作为分类标准，就可以将物联网数据分成社交网络数据与传感器感知数据这两个类型。尽管如今网络上出现的数据多于传感器感知数据，但伴随物联网设备大范围普及应用以及相关技术手段的创新发展，未来传感器感知的数据总量会全面提升，甚至会超越网络数据量。物联网彻底改变了人们原本的社会生活方式，改变了商业运营模式，因而被称作第三次信息化高潮，是计算机与互联网之后的新革命。互联网将对象物与互联网进行有效连接，实现即时信息交换、智能识别、定位追踪、监控管理，从而出现海量数据资源，影响诸多行业，促成了大量创新型商业模式的出现。物联网与大数据进行整合，正快速创造更多的社会价值与商业价值。

第二，物联网产生大数据。物联网大数据成为焦点，引起各大 IT 巨头越来越多的关注，其潜在的巨大价值也正在通过市场逐渐被挖掘出来。物联网产生的大数据经过智能化的处理、社会化的分析，将生成各种商业模式，产生各异的多种应用，形成物联网最重要的商业价值。处理物联网收集的大数据并不容易，物联网中的大数据不是简单地等同于互联网数据。物联网大数据不仅包括社交网络数据，更包括传感器感知数据。尽管社交网络数据包含大量可被处理的非结构化数据，如新闻、微博等，但是物联网传感器收集的许多碎片化数据属于非结构化数据，在目前还不能被处理。

物联网应用于多个行业，而每个行业产生的数据有其独特的结构特点，因此就形成很多相异的商业模式。物联网创造商业价值的基础是数据分析，物联网产业将出现各种类型的数据处理公司，数据分析公司、软件应用集成公司和商业运营公司将逐步分化，产业链将逐步完善。

第三，物联网催化大商业。物联网商业模式将更多的移动终端吸纳进来，作为数据采集设备，加以信息化应用，适应市场需求，成为物联网跨界发展的趋势。这种数据如果能得到运营商快速化、规模化、跨领域的广泛应用，那么运营商可能获取的商业回报，会进一步参与到物联网的各个建设环节中，并且还可能使越来越多的商业信息被运营商掌握。这些信息驱动企业合作，推动参与各方共同寻找一种多方共赢的路径，建立新型商业模式。现在大部分行业的商业信息移动化、社交化，大数据必然会成为最佳捷径，实现用户商业价值。物联网大数据支撑商业发展，服务商业决策，提供各种行业信息，因此物联网大数据的未来是无限的，富有商业魅力。物联网大数据要获得产业健康、有序发展，不能仅停留在概念上，还需要政策支持、市场完善以及产品持续创新。而更为重要的方向是推动不同部门、不同机构、不同行业之间共享物联网大数据。各部门公开数据、分享数据才能利用数据深层价值，产生数据的附加价值。虽然目前交通、电力、工业等不同行业还没有合为一个物联网，但是共享不同行业的各种数据信息是可行的。而目前政府部门也开始意识到数据单一难以发挥最大效能，开始寻求数据交换伙伴，部门之间已经开始相互交换数据，必将成为一种发展趋势，而共享不同部门之间不同种类的数据信息有助于发挥物联网更大的价值。

（3）云计算提供的技术平台。大数据与云计算的关系密不可分，大数据必须采用分布式计算架构挖掘海量数据，必须依托云计算的分布式数据库、分布式处理、云存储和虚拟化技术。

互联网中多元动态、并行实时的大数据思维的出现，促进重新定义知识的本质特性的认识。大数据时代企业的疆界变得模糊，网民和消费者的界限正在消弭，数据成为核心资产并将深刻影响企业的业务模式，甚至重构其文化和组织。因此，大数据改善国家治理模式，影响企业决策、组织和业务流程，改变个人生活方式。如果利用大数据贴近消费者、深刻理解需求、高效分析信息并做出预判，所有传统的产品公司都只能沦为新型用户平台及公司的附庸。大数据是继云计算、物联网之后 IT 产业又一次颠覆性的技术变革。云计算主要为数据资产提供保管、访问的场所和渠道，而数据才是真正有价值的资产。企业内部的经营交易信息、互联网世界中的人与人交互信息、物联网世界中的商品物流信息、位置信息等数量，远远超越现有企业 IT 架构和基础设施的承载能力，实时性要求也将超越现有的计算能力。大数据的核心议题和云计算的升级方向必然是盘活数据资产，使其为国家治理、企业决策乃至个人生活服务。

"大数据"和"云计算"这两个词经常被同时提到，很多人误以为大数据和云计算是同时诞生的、具有强绑定关系。其实这两者之间既有关联性，也有区别。云计算指的是一种以互联网方式来提供服务的计算模式，而大数据指的是基于多源异构、跨域关联的海量数据分析所产生的决策流程、商业模式、科学范式、生活方式和关联形态上的颠覆性变化的总和。大数据处理会用到云计算领域的很多技术，但大数据并非完全依赖于云计算。

大数据连接互联网产业与传统产业，而且大数据结合互联网应用于传统产业领域，范围超过纯互联网经济。在电子商务模式出现以前，传统企业的数据数量缓慢增长。传统企业的数据仓库大多数属于交易型数据，而交易行为处于用户消费决策的最后端，电子商务模式使得用户的搜索、浏览、比较等行为可以被企业采集到，这就至少将企业的数据规模提升了一个数量级。现在日益流行的移动互联网和物联网又必将使企业数据量提高两三个数量级。

2. 个人生活——供给潜力

（1）大数据影响各类文化产品。

第一，影视迎合观众实际需要。在以往的影视剧制作当中，主要凭借的是经验，依靠的是主创人员；在投资影视剧时，往往还要寻找一定的社会关系；在播出影视剧作品时要借助一定的平台，而实际播出要靠品牌效应，扩大影响力。在整个过程中，观众都只是一个被动的欣赏者，是客体。在进入大数据时代之后，影视制作的整个模式和过程都能够实现革新，播出方面更是实现了对以往的颠覆。导演可直接获知观众的实际需求，拍出让观众满意的作品。

第二，在线音乐投放精准广告。音乐服务商能够在网络平台的支持下，获取用户的数据资料，得到恰当的音乐类型，发现广大用户的偏好音乐，获知音乐聆听场所和时间段。从而结合用户的兴趣爱好与实际特征，推送相应的广告，满足用户的兴趣需要，提升广大用户的音乐聆听体验。

第三，艺术品市场判断。在艺术市场的发展进程中，大数据的应用能够实现领导潮流与预测方向。艺术品行业的大数据的主要来源是用户交易、内容分析与物流渠道这几个方面。艺术品的数据企业可收集有关的交易记录信息，构建涵盖相关人员的数据库。签约用户能够加强对大数据资料的应用，对整个艺术品市场进行有效的评估，并对变化进行一定的预判。

第四，时装设计社交媒体占主流。在大数据时代，时装行业受其影响非常深刻。时装设计是否能够获得成功，主要取决于选择。

（2）大数据改善生活潜力。大数据在社会生活领域的应用也是一种重要的趋势，而且这样的趋势和实际应用范围也在不断地凸显，在极大程度上改变了人们的实际生活。就卫生健康层面而言，结合临床诊断、医疗看护、科研实践、健康引导、个性治疗等多方面的需要，去构建全民医疗健康服务平台，逐步覆盖所有患者电子诊疗档案，实现 PB 级医疗大数据，支撑全部医生在线诊疗的医疗平台。就食品安全层面而言，结合食品安全的发展态势，利用有效的数据分析管理，掌握人们对于食品安全的实际需要，从而构建食品安全大数据平台。就全民教育层面而言，从根本上提升全民素质水平，满足终身学习与继续教育的发展需要，都要运用到教育大数据平台。就智能交通层面而言，科学设置交通规划，创新交通决策，协调部门管理，优化个性服务，需要加强对交通大数据的运用，并建立能够服务于交通各环节的服务平台。就社会安全层面而言，做好治安监控，有效侦破案情等需要均呼唤大数据平台的建设，以便在实际应用当中提高社会安全与稳定水平。就科技进步层面而言，科技服务大数据体系的建设是当前人们特别关注的一个问题，以便充分发挥科技服务的应用价值，使其在工程创新等诸多领域发挥巨大作用。除此以外，在互联网、金融、机器制造、证券等多种多样的行业当中，都离不开大数据技术的开发与应用。

（3）大数据推动公共文化服务。在大数据时代的到来和持续不断的推进过程中，政府转型已经成为必然。政府可以有效抓住这一契机，转变职能，优化政府服务，抓住新的发展区域，推动社会公共文化服务的改善，推动文化服务体系的建设与发展。

第一，公共文化服务的建设和发展，通过对大数据进行应用能够显著提升整体效能。大数据的应用可以更好地提出公共卫生危机的应对方案，实现提前预估，提升应对和反应速率，进而及时控制不良事件，降低事件带来的损失和影响。

第二，大数据能够为公共文化服务调整提供重要导向。在整个公共文化领域，把大数据作为重要根基，科学全面地进行信息收集，掌握广大民众的实际需要，进而设计针对性强的服务，在网络平台上进行有效推荐与效果评估，构建反馈体系，不仅增强了公共文化服务的效能水平，还让群众的满意度大幅提升。

第三，大数据能够让政府在制定公共文化决策时更加的准确。为了有效应对大数据时代的挑战，打造一个更加完善科学的公共文化服务系统，政府决策部门必须要做到提早规划、有效学习以及接纳新技术与新方法。利用大数据技术掌握趋势，优化准备工作，促进文化进步与繁荣。

3. 企业发展——利益拉力

（1）优化资源获得收益。无论是工业领域的发展，还是金融媒体领域，哪怕是我们所处的生活领域都会生成海量数据资料，大数据借助收集周围信息的方式，构建完善数据库，让我们能够预测未来，获知更为健康的生活方式，了解世界各地的信息，为自己的实际行动提供一定的方向。网络交互数据可以让企业改革迎来新机遇，推动市场化经济发展，推动国民经济的进步。

（2）高效分析释放价值。要想让数据价值被充分地分析和挖掘出来，一定要提出正确问题，合理化运用数据分析方法与工具，促使越来越多有用数据的产生，让决策行为更加科学，进一步体现出大数据价值。企业方面不仅要有大数据分析的先进技术作为有力支撑，还必须在人才建设方面进行不断的完善，特别是有丰富分析经验的人才。在人才需求非常迫切的背景之下，企业要想在激烈的竞争当中占据优势地位，必须在人才储备方面尽快着手。数据和统计学存在着不可分割的关系，在如今的大数据背景之下，更要有大量创新性的统计方法。

大数据在信息化社会建设当中发挥着重要作用，也能够让我们更加深入地了解社会。如今大数据分析人才非常短缺，整个就业市场特别需要具备知识与经验的综合型人才。在实际生活当中，人们不能够只是依靠感性经验，更主要的是要做好实证分析。医生需要在大数据分析的基础之上，选取针对性的临床治疗手段；教师需要对案例实施大数据分析之后，再设置教学活动，优化教学策略；企业要掌握大数据的分析与应用方法，助力于企业产品与服务的革新，为广大客户提供能满足他们个性化需要的产品或服务；政府在优化决策和改善政策时，更需要做好大数据分析工作。只有当每一个人都认识到数据价值，都需要大量数据分析作为根据时，才可以让上述目标变成现实。

（3）转变经济增长方式。如今以大数据为依托的产业已经进入了飞速发展的新阶段，促进了国家经济腾飞，推动了企业核心竞争力水平的提升。目前我国经济发展正处在转型时期，要走可持续发展的道路。在这样的情况之下，一定要注意转变经济增长方式，有效迎接挑战和抓住大数据时代的机会。

大数据给全社会带来的一系列改革被企业看到，使得企业进一步认识到数据是不可或缺的资源，大数据的重要性不可忽视，意识到大数据能够创造价值，应该将大数据作为企业核心财产。如今，很多企业都从大数据分析当中获益匪浅，已经将大数据变成企业发展的资源与资产。大数据成为获得社会与经济效益的推动力，成为提高竞争实力的催化剂。医疗、教育等领域的经济发展成了大数据发展的新动力。

4. 社会服务——需求压力

从公共管理层面上进行分析，大数据拥有极大的发展与创新空间。虽然政府握有大量的大数据资源，但仍然有无限潜能值得挖掘，还能够继续创造出更大的社会价值。

（1）大数据是公共服务的有效工具。大数据背景下，政府转型、优化政府职能、革新政府服务已经是当务之急。公共服务的优化和改进，离不开大数据的支持。目前公共服务对象不够明确，而且种类和爱好各不相同，要想规避资源浪费问题，将大数据技术引入公共服务体系，系统性地进行信息数据收集、需求分析、提供针对性服务、构建反馈机制等，不但能够让公共服务效能得到全面提升，还能让广大人民群众的满意度大幅提升。

就市政管理而言，通过对大数据的应用与挖掘，能够在极大程度上优化资源，促进行政资源的合理化应用，获得更大的公共支出效益。大数据在执法和经济规划、防灾与灾后重建等多个领域都能大显身手。把大数据技术用在犯罪预防方面，能够预测犯罪行为，做好提早监控，获得大量高质量证据，为执法人员提供工作根据。

（2）我国改革亟须大数据思维。大数据价值并不是数据收集和存储，它的价值是应用。大数据的产生收集与分析共享已经成为必然趋势。加强对大数据的应用，已经成了时代发展和社会进步的必经之路和势不可当的潮流；在如今这个大数据时代，大数据占领了时代制高点。对于政府而言，大数据能够为国家治理、强化宏观调控、增强社会管理，提供强有力的数据基础。大数据不仅是客观存在，还是全新世界观，能够成为提升主体竞争力的优势以及重大战略。我们要主动学习运用大数据，只有这样才能够在未来获得先机，收获成功。

以往数据收集工作困难重重，存储工作非常不易，于是把数据当作一种稀缺资源。在如今这个时代，大数据无限生成，大量存储，且能够及时处理和分析，使得数据迸发出多方面的价值。在大数据时代背景下，每个个体、企业、政府等都需要依赖大数据，所以就要彻底革新大数据思维。广大决策者也无法脱离大数据中的极大价值。数据存储成本持续降低，大数据实践彰显组织机构意识和实力。

二、大数据发展的时代意义

大数据不仅是数据科学的崭新阶段，更是信息化时代发展的必经之路。大数据对经济、社会、人类日常生活产生的影响不仅限于技术层面，对管理理念、运作方式都将产生巨大影响。大数据使人的思维方式、行为模式、管理理念发生全方位变革，引发了全球范围内深刻的行业调整，体现了国家治理中的战略价值。

（一）行业制高点

大数据巨大的体量通常涉及以行业为单位的全局数据，从而通过大数据的分析，能够洞察行业的发展规律、趋势和利润增长点。率先掌握这些信息的企业或部门，将在时代的快速变化中拥有先发优势，占据行业制高点。

大数据技术的发展，使单位计算能力的价格大幅度降低。中小企业无须布局从硬件到软件的全流程设备，即使资金有限，仍然可以通过租用灵活的云端计算和存储服务实现大数据分析。

大型企业的优势在于可以凭借雄厚的资本积累，在数据采集和交换等环节以较小的成本获得更大规模的数据。另外，在大型企业里，将大数据技术渗透到所有环节中指导运行，或以大数据为基础推行决策，这一过程与中小企业相比所需时间更长，阻力也更大。

因此，在大数据的浪潮中，各行业不同规模的企业或部门在同样的机遇面前，各有不同的困难需要克服。谁能率先登上行业制高点，成为未来的最大赢家，关键的因素在于，是否能够始终持有大数据的思维习惯。在正确认识大数据的内涵、价值和运用方式的基础上，以未来为导向，坚定地推行大数据策略。

（二）国家竞争支点

大数据不仅能在一个行业中创造领先优势，对于国家之间的竞争而言，它同样可以发挥类似的作用，为国家的发展趋势指明方向。利用大数据提升国家整体的竞争力，正是各国政府纷纷在这一领域发力的主要目的。

掌握更高水平的大数据技术，能够在各个方面优化国家的资源战略和发展策略，使国家作为一个整体在更低的消耗水平上创造更大的价值，同时提高社会的运转效率，增强国家的影响力和竞争力。

大数据技术具有待开发的巨大潜能，为行业企业带来了更多商机，赋予了每个企业抢占行业制高点的机会。可见，未来大数据技术的发展水平，将显著影响国家之间竞争力的强弱转换。一个国家所拥有的数据规模和运用数据的能力，将成为综合国力的重要组成部分，是国家提高国力和国际竞争力的重要支点。总体而言，善用大数据资源和技术，在当今时代具有不可取代的重要意义。

（三）大数据发展的挑战与机遇

在我国，实现大数据的广泛应用仍然有许多挑战和困难需要克服。在理念和思维方面，国内有许多信息化程度不足的领域，不仅缺乏数据，而且并未形成由数据驱动决策的理念。此外，在大数据挖掘的开发利用和安全、隐私保护方面，我国还缺乏相应的法律保障。针对其中的部分问题，人们已经做出了尝试和努力，在政府大力推进智能化、数据化科技发展政策的助力下，逐步解决这些问题，让大数据技术在我国落地安家。

在面对困难的同时，我们也必须看到，挑战之中蕴藏着无穷机遇。目前，我国的大数据应用正处在起步阶段，许多行业尚在初步接触和了解大数据，还未形成竞争的风潮，因此我国的大数据领域拥有巨大的发展潜力。首先，我国是全球传统互联网和移动互联网用户量最多的国家，巨大的网络用户基数提供了充足的数据生产和数据消费主体，尤为适合大数据技术的发展和实施；其次，我国许多新兴行业的模式尚未固化，如电子商务、互联网金融等领域，可以毫无负担地应用大数据模式，适于秉持大数据思维，迅速完成高端战略布局。最后，我国许多传统行业和领域中长期积累了大量数据，这些数据大都处于"沉睡"状态，并未体现出它们应有的价值。善用这部分数据，将其有机结合至目前的信息化体系中，将成为大数据分析的宝贵财富。

第三节　高校教育管理的相关理论依据

一、高校教育管理的内涵界定

（一）高校教育管理的本质

1. 协调认知型冲突

在高校教育系统中，从宏观方面来看，在高等教育如何适应国家经济、文化等的发展，每一个发展时期如何规划，区域高等教育的发展、高等教育发展速度的快慢、高等教育的科类层次结构等的确定，不同的决策者及管理者会产生不同的意见，甚至矛盾。在微观高等教育管理中，学校教育都是非常具体的管理活动，对于学校如何定位、如何发展、如何运用学校有效的教育资源，在培养目标、课程设置、培养计划的拟订和实施、教学与科研活动的具体展开、各项工作的总结评价等方面都可能出现一些不一致和矛盾。

一般而言，增加交换看法、进行交流协商的机会，消除可能由于误会与信息不全所导致的认识上的不一致；进行"和平谈判"，把对各种原因和结果的认识都拿到桌面上来，这需要领导者的权威和协调能力；提供学习机会，提高大学组织内成员的认识能力和观念水平，这不仅针对冲突双方，而且针对冲突涉及的各方，大家都需要提高自身的认识水平；调整或改善组织内部的有关结构，使各种不一致、矛盾和冲突能够最大限度地被比较完善的组织结构和人员组合（搭配）所"稀释"和"化解"；用超然的态度承认并超越某种冲突，这种方法可能有助于解决某种矛盾冲突。要解决这类矛盾和冲突，最好的办法就是在学习和研究的基础上，开展对高等教育的教育思想、教育观念的大讨论进行认知统一。要提供公开交流的平台和场所，进行认知交流，认知融化，消除和化解形成矛盾和冲突的原因，使组织成员和冲突各方在观点上达成一致，或者提高他们的认识水平。

2.协调感情型冲突

感情型冲突是一种非理性的冲突，主要存在于微观高等教育管理的活动中，相对于某个方面的具体事项，带有个人的情感色彩，其原因可能是一些微不足道的小事，也可能是不同的性格、爱好，甚至可能找不到"原因"。在高等教育系统中，解决这类冲突的方法可以通过提高成员的心理素质，使其具有能够承受一定的情感冲突的能力；提高认识水平，认识冲突的原因是微不足道的，认识冲突的结果可能会产生严重后果；施行合理而公正的奖惩手段，坚持规章制度的原则性，对于坚持感情办事而导致不良后果的，做出制度上的处理；进行感情牵引，引导感情向有益的方向发展，如完善和改进目标管理，把成员的注意力集中到实现高等教育目标上去。对于某些历史性的感情冲突，最好的解决办法也许是让时间来协调。

（二）高校教育管理的原则

1.高校教育管理原则的特性

原则是人们对客观规律的认识和反映，是指导人们观察和处理问题的准则，由于规律具有不以人的意志为转移的客观性，因此，作为客观规律反映的原则也应该具有一定的客观性。任何管理活动，总是自觉或不自觉地遵循着某种原则，这就是管理原则。为了使管理活动有效，管理原则必须符合客观规律，并且不断地随着社会的变化而发展。

高校教育管理原则是从事高校教育管理时应遵循的活动准则和基本要求，它是从高校教育管理的实践活动中总结提炼出来的，反映了高校教育管理活动的特殊性规律和特点。确立高校教育管理原则，既要借鉴现代管理的一般理论，又要充分考虑高校教育管理的特殊背景；既要追求理论上的相对完备性，又要强调对实际工作的指导意义。尤其要分析各原则是否涵盖，以及在多大程度上涵盖整个高校教育管理领域，从而给高校教育管理原则以科学、客观、合乎逻辑的定位。

管理存在自身的规律，管理活动必须遵循这些规律，一般管理活动的规律就是管理各基本要素之间内在的本质联系和管理过程的逻辑关系。现代行政管理学的理论和方法就是对行政管理活动一般规律的认识和反映。

行政管理思想经历了工业管理、人际关系、结构主义等发展阶段。教育管理在不同场合、不同程度上借鉴了行政管理思想。

高校教育的一般基本规律包括两个方面：一是高校教育与社会协调发展的规律，二是高校教育与受教育者身心全面发展相适应的规律。高校教育管理原则必须以这两个规律为前提，才能避免高校教育管理与高校教育工作者之间的对立和冲突，从而最终提高管理效益。与一般的管理活动相比，高校教育活动存在一些特殊规律，它们构成了这门学科专门的研究领域。

（1）高校教育管理原则的特殊性。作为管理对象核心的人，高校与工厂不同。工厂管理者面对的是工人，工人生产的是没有意识的物品；高校教育管理者面对的是教师和学生。教师既是管理对象又是管理者，他们面对的是有意识的学生。学生既是被教师塑造的"产品"，又参与自身塑造，从这个意义上而言，学生也是管理者。因此，高校教育管理中要充分调动教师和学生的积极性和主动性，并为他们创造有利于独立思考、自由发挥的条件和环境。

同时，由于教师和学生都是脑力劳动者，高校教育管理过程以知识为中介，有大量的学术问题，因此要注意行政管理与学术管理的统一。这也是高校教育管理的特殊性。

（2）高校教育管理原则的系统性。教育管理原则不应是随机的、零散的，而应构成一个系统，具有整体性、目的性和关联性。

高校教育管理原则体系的整体性在于，各原则围绕怎样提高高校教育管理效率这一目标结合为一体，没有一条原则能脱离原则体系整体而存在。只有存在于原则体系中，每一条原则才有它的功能。而且，原则体系的功能是以整体功能而论，而不以某一条原则的功能而论，原则体系的整体功能不等同于各条原则功能的简单相加。各条原则只有在原则体系整体功能目标即提高高校教育管理效率的指导下，以合理的方式相互联系在一起并充分发挥各自功能，才能保证原则体系整体功能的实现。

高校教育管理原则是从事高校教育管理时应遵循的行为准则和基本要求。高校教育管理原则体系的目的性在于，利用原则指导具体的高校教育管理实践活动，使管理活动更符合客观规律，从而提高高校教育管理效率。高校教育管理原则体系的关联性是指涉及高校教育管理过程的各条原则应该相互依存、相互补充、相互制约。

2. 高校教育管理原则的内容

高校教育管理的基本原则应该是根据一般管理学的原理提出的，同时又特别适用于高校教育管理领域，它们必须全面、准确地反映高校教育管理活动的特点、本质与规律；它们在理论上是完备的，在实际工作中又是切实可行的，能覆盖整个高校教育管理活动领域，普遍有效地指导高校教育管理实践活动。根据上面对高校教育管理原则确立的依据分析，高校教育管理基本原则体系应该包括以下五个方面的内容：

（1）高校教育管理的方向性原则。管理是一种有目的的活动，管理工作必然有方向。管理成效的大小，主要决定于方向是否正确。任何管理都是为了实现一定的管理目标。管理目标是管理活动的前提，管理目标体现管理的方向。教育是培养人的社会活动，就其本质而言，教育必须与一定的经济等相适应，并为其服务。不论哪种社会性质的高校教育，培养怎样的人都是一个根本问题，是高校教育目标的核心，它集中体现了高校教育管理的方向。

当前教育必须与生产劳动相结合，使受教育者成为德、智、体、美、劳等方面全面发展的社会建设者和接班人，这就明确规定了我国高校教育的服务方向、教育目的和实现教育目的的基本途径。

（2）高校教育管理的高效性原则。任何管理活动，其基本目的都是提高组织系统的效率和效益。管理效率和效益的关系，是与管理目标联系在一起的。目标正确，效率越高，效益越好；管理效益的大小就是在消耗一定的人力、物力、财力和时间等资源的条件下，实现管理目标的。

高校教育管理的高效性原则是高校教育管理本质的直接体现和具体化，它要求以一定的高校教育资源投入，培养和提供更多的合格高级专门人才和高水平的研究成果。换言之，培养和提供一定数量的合格人才和研究成果，投入的高校教育资源要求最少。

高校教育是需要大量投入的事业，而发展高校教育的资源又是有限的，它靠社会提供，既受社会经济发展水平的制约，也受社会相关制度、管理体制和人们教育观念的制约。因此，高校教育管理既要注重经济效益，即以较少的投入培养更多的人才，注意节省人力、物力和财力，更要注重精神效益、社会效益，全面提高高校教育的质量。

（3）高校教育管理的整体性原则。高校教育管理整体性原则既决定于高校教育系统的整体性，又受制于培养高级专门人才的高校教育目的。高校教育管理的整体性原则可表述为，以培养人才为中心，科学地组织各方面工作的有效配合，并充分地考虑社会环境中诸多因素的影响。

高校教育的根本任务是培养人才，培养人才不仅要组织好教学工作，还必须有思想教育工作、师资培养工作、科学研究工作、后勤管理工作等与之配合。除了培养人才的职能以外，高等学校还有开展科学研究的职能和直接为社会服务的职能，高校教育管理的目标和内容，不是单一的教育、教学活动的管理，而是包括教育、科学研究和直接为社会服务等活动的综合管理。无论是培养人才、开展科学研究和为社会服务，都与社会系统紧密相关，都必须与社会经济、政治、科学文化相适应，因此，必须把高校教育管理放在整个社会环境中考虑。

第一，高校教育管理要以培养人才为中心。各方面活动的开展都要服从于培养人才这个首要任务。

首先，要做好培养人才的决策和宏观控制，包括人才培养的预测规划、总体规模、发展速度、结构布局等，以及通过组织、计划、协调、立法、拨款、检查评估等手段，保证培养人才的数量和质量。

其次，就高等学校的管理而言，各部门的工作都要面向学生，教学和思想教育工作要遵循人才成长规律，科研、生产工作要与教学工作结合，后勤工作要为教学和科研服务，而不能各自为政，各行其是。

第二，要处理好教学和科研的关系，使两者相互结合相互促进，教学是高等学校培养人才的主要方式和基本途径。但是，不能把教学工作仅理解为课堂讲授。

首先，教学活动既包括通过课堂讲授使学生学到间接知识，也包括指导学生获得直接知识和掌握学习方法。因此，教学是传授知识、发展智力、培养能力和形成良好思想品德的综合过程。

其次，科学研究是培养人才的重要途径，把科学研究引入教学过程是高等学校教学过程的一个重要特点，它能给学生创造全面发展智能的环境和条件。

再次，学生通过参加科学研究能够有目的地、主动地学习，完成研究任务所需要的理论知识；进行积极思维，在实践中发展各方面的能力，培养创新精神；还能培养学生养成严谨的治学态度、踏实的工作作风和团结合作的精神；能更好地促进师生之间教与学两方面的信息交流，使教师对学生了解得更深入、更具体，有利于实行因材施教，更好地发挥学生的特长和主动性。

最后，开展科学研究还能够提高等学校教师的学术水平，充实和更新教学内容，改进教学方法，使教学质量不断提高。因此，不应该把科学研究和教学对立起来，而应该使两者互相结合，互相促进。高等学校教学传授给学生的知识，是前人实践经验的系统总结。科学研究正是在已有知识的基础上探索和总结新的知识，进一步加深对客观世界规律性的认识。因此，从人们的认识活动而言，只有开展科学研究，把生产实践和科学实验的成果总结成各种理论体系，使人们不断地获得新的知识和能力，才有可能进行各门学科和专业的教学。

从这个意义上，科学研究是"源"，教学是"流"，科学研究总是走在教学的前面。在教学中给学生讲授的理论知识，并不需要也不应该要求教师都通过自己的研究实践进行总结和积累。但是，现代科学技术的发展日新月异，高等学校的教师如果不通过开展科学研究，及时了解和掌握本门学科和相关学科的最新动态和发展趋向，而仅停留于传授现成的书本知识，那就不可能提高教育教学质量，培养出适应现代科学技术迅速发展和现代化建设需要的合格人才。

第三，发展科学技术文化，是高等学校的重要任务。随着现代科学技术日新月异的发展，高科技向现代生产力转化越来越快，高新技术产业在整个经济中的比重不断提高，科技在经济发展中的作用越来越大。21世纪是高新技术迅速发展的新时代，我国现代化建设进入承前启后、继往开来的关键时期，国家的经济建设和社会发展比以往任何时候都要更加倚重于科技进步。在这种形势下，高等学校特别是重点大学的科学研究工作更应加强。

第四，直接为社会服务也是现代高等学校的一项重要社会职能。高等学校的培养人才、开展科学研究、为社会服务这三项职能是互相联系、相辅相成的。开展各种形式的社会服务，有利于加强学习与社会的联系，增进对社会需求的了解，增强主动适应经济发展和社会发展需要的能力；有利于高等学校的教学更好地理论联系实际，培养锻炼学生解决实际问题的能力，提高教学质量；有利于进一步发挥学校的潜力，充分调动教师职工的积极性和主动性，通过有偿服务，为学校筹集一部分资金，以弥补办学经费之不足，用以改善办学条件和师生员工的生活条件。

但是，高等学校必须以培养人才为中心，衡量学校工作的根本标准是培养人才的质量和数量，绝不能只看经济收益的多少，搞短期行为，而不顾教学质量和学术水平。因此，一定要处理好培养人才与直接为社会服务的关系。必须统筹兼顾，加强管理，对收益进行合理分配，有利于调动各个方面的积极性，特别是在教学第一线工作的教师的积极性。

（4）高校教育管理的民主性原则。高校教育与社会发展相适应的规律决定了高校教育是开放的系统。高校教育发展的历史已经证明，追求科学与民主是高校教育的重大使命。追求科学，可保证高等学校教学、科研的生命活力；发扬民主则是追求科学的保障。

第一，民主性原则是由高校教育管理封闭性和开放性相统一的规律所决定的。要办好既封闭又开放的高等学校，不发扬民主，不调动师生员工的积极性和创造性是不能想象的。因此，高校教育和高等学校在进行重大决策时，都必须发扬民主。

首先，高校教育管理的民主性原则可以表述为：依靠广大教职工和学生民主管理学校，动员社会力量参与高校教育管理。高校教育领域人才荟萃，学术思想活跃，高校教育管理工作必须注意充分体现学术自由的特点。高等学校的教学与科研，就其本质而言是学术活动，需要充分的思想自由，需要民主制度做保障。因此，对高校教育实行民主管理具有特殊的重要性。

其次，就管理对象的特点而言，在高等学校，教师和学生既是管理对象，又是管理主体。教师和学生的特点，都是从事学术性很强的教学、研究和学习，是精神生产，主要靠自己独立钻研和思考、探索。只有靠内在动力，也就是靠调动他们的积极性和主动性，才能完成管理目标。学校的培养目标、教学计划、教学大纲等，要靠教师去实施；教学内容和教学方法的改革，要靠教师自觉地去探索和实行。同时，也要激发学生的主动性并积极地配合，自主地进行学习。

充分调动教师和学生的积极性，让教师和学生参与管理，这对于增强内聚力，增强对领导管理者的理解和信赖，对于及时改进管理措施，提高有效性，都有极大的好处。因此，高等学校要搞好管理，必须依靠教师发挥能动作用，同时，一切与学生的学习和生活有关的决策，还要注意听取学生的意见。

第二，管理好一所大学，需要很多学问。就高等学校工作的复杂性而言，在高等学校一般都设有许多专业和课程，有教学、科学研究、生产、思想教育、后勤以及校内校外关系等各方面的工作，有众多的人员，具有极大的复杂性。任何一所大学甚至一个系的领导都不可能完全懂得所设的各专业、各门课程和各方面的工作。从这个意义上，必须依靠调动广大教师职工的积极性，集思广益，共同管理，才有可能把学校办好。有关教学、科学研究、学科建设的重大决策，一定要注意听取和尊重教师特别是教授们的意见。教授在他们所从事的专业、学科领域里是专家，注意听取他们的意见，有助于保证有关决策的正确性；由于教授们在学术上的权威性，在师生中有较大影响，他们参与决策，更能够得到师生员工的拥护和信赖，有利于决策的实施；教授们的言行对学生有潜移默化的影响，让教授积极参与学校的民主管理，有利于培养学生的社会责任感。

对高校教育的管理，由于高校教育有学术性强、专业学科门类多的特点，要充分尊重专家学者的意见。因此，要给高等学校学术自由和必要的办学自主权。高等学校还有多样化的特点，这是因为社会对高校教育的需求是多样化的，不同地区、不同条件和历史背景的学校是多样的，这要求不仅要处理好中央集权和地方分权的关系，而且要使高等学校有办学自主权，以利于学校办出自己的特色，适应社会的不同需求。

第三，民主性原则要求制定决策民主化、执行决策民主化和评定决策执行结果民主化。高校教育管理中，决策工作要充分发扬民主精神，这种民主精神体现在，让被管理者民主地参与决策过程，这样可以集思广益，提高决策的科学性，使之更切合实际。

管理者要随时了解和掌握决策的执行情况，在此基础上调整和改进决策的执行方案和方法，在这一过程中，无论是了解执行情况还是调整、改进执行的方案和方法，都离不开民主的作风。管理者应该秉公办事，在处理公务时不应谋取私利，要尊重下属，虚心向他们求教，及时地对方案和方法的执行情况进行调整和改进。

决策执行结果的评定，不仅关系到对本决策的制定者和执行者工作的评价，而且关系到下一个决策的制定和执行。评定工作要贯彻民主原则，有利于激发和强化决策者和执行者的工作热情，有利于发挥和发展他们的创造性，最终有利于高校教育管理效益的提高。

（5）高校教育管理的动态性原则。任何事物都是处于不断变革之中的。管理过程是一个不断发展变化的动态过程。管理对象内部诸要素是不断发展变化的，它们之间的关系也在不断发展变化着，管理系统的外部环境也是变化、发展的。因此，管理过程的实质，就是根据管理对象和条件的变化、发展，对其相互关系做出相应的调整，以实现整体目标。

我国正处于经济转型期，相应地，引起社会生活各个方面的变化，随之需要改革高校教育，使之适应并促进社会经济、文化、科技等体制改革的要求。高校教育作为一种社会技术系统，与外部环境处于动态的相互作用之中。开放系统的一个特点是能够变化其内部子系统，以便对各种环境中的偶然事件做出反应。管理活动与管理对象、管理环境之间有着本质的、必然的联系。高校教育管理过程中要完成的任务、组织的结构、用来完成任务的技术和参与的人员都处于动态之中。

高校教育管理的动态性非常明显。随着现代科学技术的发展，社会对高校教育的需求在不断变化，社会对高校教育提出的条件也在不断变化。高校教育要为社会服务，必须主动提高适应经济和社会发展需要的能力。这就要求高校教育必须不断改革、创新。高校教育体制改革的目标，就是逐步建立使学校具有主动适应国民经济和社会发展需要的有效机制。就高等学校本身而言，学生每年有进有出，教师队伍也需要适时补充和调整，教学和科研的设备也在不断地更新。经济体制改革和科技体制改革的深化，对高等学校不断提出新要求。

因此，高校教育管理的动态性原则可表述为，通过不断的改革以主动适应经济和社会发展的需要。动态性原则要求人们做到以下方面：

第一，以发展的战略眼光看问题。任何事物都不是静止不变的。只有改革才能促进教育发展，教育要发展则必须不断地改革。

第二，处理好变革与稳定的关系。在变革不适应部分的同时，要继承高校教育合理的内核，既不能墨守成规、抱残守缺，坚持既成的体制和维持现状，也不能全盘否定已往的经验。

第三，要注意不能朝令夕改，尤其在高校教育改革方面要持慎重的态度。高校教育管理的动态性，从根本上，是由高校教育必须与社会的经济、科技、文化等的要求相适应这一基本规律决定的。由于社会是不断发展的，高校教育也必须随着社会的经济、科技等内容的发展不断地改革，以适应社会发展的需要。高校教育管理对象和外部条件的这些变化，管理工作中不断出现的新情况，需要不断地总结新经验、解决新问题。

（三）高校教育管理的过程

高校学生在高校学习和生活过程中会出现很多干扰因素，这些干扰因素影响和制约着高校学生的成长与发展，因此高校教育管理为实现教育目标就需要对此情况进行规范与调整，这就是高校教育管理的过程。高校教育管理过程实际上是一种循环往复的动态运行过程，其实质就是对组织环境和管理对象的变化与发展做一个良好的把握，通过对各种因素的实时调节与管理，在动态的情况下实现组织目标。相比高校教育管理的系统性的动态过程，单一的管理行为是没有办法直接达到管理的目的的，高校教育管理的目的只能在这个动态管理过程中完成。高校教育管理工作的良好实施离不开对管理过程的充分认知和把握，只有对高校教育管理过程进行全面的认知，才能将管理内容进行由整体至局部的拆解，继而彻底做好高校教育管理的各部分工作以及整体上的工作。

1. 高校教育管理过程的要素

高校教育管理过程是包含四个基本要素的，即管理者、管理对象、管理手段和职能、管理目标，这四个基本要素是协同合作，必不可少的。

（1）管理者。在高校教育管理过程中，由管理者来进行管理。

（2）管理对象。高校教育管理是一个整体管理的过程，其中必然涉及管理对象，高校教育管理的管理对象众多，人、财、物、时间、空间、信息等都包括在内。

（3）管理手段和职能。高校教育管理必然要通过一定的管理手段和方法才能良好运行，也必然要通过一定的方法实施才能发挥作用，达到管理目的，目前而言，除了行政方法、经济方法、教育方法等基本管理方法外，高校教育管理还需要对管理对象进行一系列的包括预测、决策、计划、组织、激励等相关举措。

（4）管理目标。高校教育管理需要有可实现的管理目标，以待后期对管理做出方向上的明确与调整，并最终达到预定目标。

2. 高校教育管理过程的特点

目的性、有序性、可控性是一般管理过程的特点，而高校教育管理过程除了一般管理过程的特点，还有以下三个方面独有的特点：

（1）高校教育管理过程，是一个高校教育管理工作者与大学生双向互动的能动过程。对高校学生的管理工作是相对复杂的，在高校教育管理过程中，管理者是具有主导性作用的，被管理者则是管理过程中的主体，两者都应发挥自身的作用，努力达成统一。另外管理者和被管理者积极发挥主观能动性，进行两者之间相互影响、相互互动的过程就是高校教育管理的过程。管理者要对被管理者有一个清楚的认知并进行恰当的塑造，而被管理者对管理者的管理举措要有一个正确的理解，遵循管理者的管理指导，对自己的行为进行约束与管理，达到自我教育的效果，从而对管理和自我管理做一个很好的融合，如果被管理者能够很好地接受管理者所传达的思想观念和行为规范，并将其纳入自身的思想品德结构中，那么这种思想纳入可以"内化"成支配和控制自身思想和情感行为的内在力量，帮助被管理者实现由"管"到"理"，由"他律"到"自律"的飞跃。

（2）高校教育管理过程，是有效利用学校的各种资源，为大学生成长成才提供指导和服务的过程。高校教育管理的目标是为社会不断培养和输出合格的专业人才，高校教育管理若要发挥其最大的效益，就要在高校教育管理过程中对各种资源进行合理的分配与使用，从而帮助人才的成长和发展，另外，还要将各种基本的管理要素，如人、财、物、时间等协调运转起来，继而为高校学生的成长与发展提供行之有效的指导。

（3）高校教育管理过程是与大学生教育过程紧密结合，保证教育目标顺利实现的过程。当今的高校学生的特性之一就是思维活跃，在高校教育管理的过程中，要避免伤害高校学生较强的自我意识和自尊意识，所以这就要求管理者在管理过程中注意管教结合，以实现教育目标为前提，做到管中寓教、教中有管。管理者在管教的过程中还应注意多多提升自身的管理能力，争取在管理沟通工作中做到寓情于理，从而能使高校学生在管理过程中受到启发和教育，并逐渐内化至自身的思想结构，这样，受管理过程的长期影响，作为被管理者的高校学生，会将内化的思想观念和行为准则转化为自己外在的行为，从而实现由"内化"到"外化"，由"他律"到"自律"再到"自为"的飞跃。

3. 高校教育管理过程的环节

决策、计划、组织是高校教育管理过程的主要环节，它们之间既相互区别，又联系紧密。

（1）高校教育管理决策。高校教育管理决策，是高校教育管理工作者为了达到一定的目标，在掌握充分信息和对有关情况进行深刻分析的基础上，运用科学的方法，从两个以上的可行性方案中选择一个合理方案的分析判断过程。高校教育管理决策的过程包含以下四个方面：

第一，研究现状。没有问题就不需要决策，所以决策存在的前提条件是有问题需要解决。因此，在制定决策之前，一定要对高校教育管理过程中是否存在问题进行了解与分析，确定了问题的存在，要分析是属于何种性质的问题，并将问题延展开，分析此类问题是否已经对高校学生的学习和生活、高校自身的建设和发展、社会的发展等产生了负面影响，由此作为依据而决定是否对此制定决策，这些问题同时还是决策的起点。高校教育管理过程中，高校高层的管理人员应积极发挥主观能动性，对学生在校园内的生活给予充分的关注，运用自身的职能把握全局，从而找出问题的关键。

第二，确立目标。高校学生在高校学习、生活、对自己专业技能的培养和提升以及未来毕业后进行就业与创业时，会面临很多的问题和挑战，我们要在此基础上做出分析，并且更进一步地研究这些高校学生在面临这些可能出现的问题时，是采取的何种措施、达到怎样效果，换言之，要明确决策目标。

一是决策目标确立的作用。决策目标的确立有六个方面的作用：①明确学校内部的各种目标的一致性，只有目标一致，工作才能够很好地开展下去，也有利于高校和学生的健康发展。②明确高校教育管理工作的方向，高校在进行教育管理的资源调配过程中，就可以将决策目标作为依据，顺利地开展管理工作。③对学校内各方面的良好氛围的形成与培养有着重要的作用。高校学生在高校内的学习和生活会持续很长一段时间，因此能够为学生提供和促成一种井然有序的学习、生活秩序至关重要，决策目标的确立可以促进形成这种普遍的思想状态和生活氛围。④可以有效地帮助识别是否和学校目标保持一致的学生群体，对和学校决策目标保持一致的学生而言，决策目标的确立和实行可以有效地帮助他们形成良好的学习实践活动和生活核心，对和学校决策目标不太一致的学生而言，决策目标的确立和实行也为阻止学生的不良活动提供了一种解释。⑤可以帮助学校将目标细化并转化成一种分工结构，即促进学校总目标和不同阶段目标的分工结构的形成，这也有利于学校内部将任务分配到各个责任点上。⑥对组织预算和控制各项活动的成本、时间和成效都有很大的帮助，用这种可预估和可控制的方式有助于提供一份组织目标和把这种总目标转化为分阶段目标的详细说明。

二是决策目标确立需要准备的工作：①提出目标。想要确立决策目标，必须先提出目标。上限目标，即理想目标；下限目标，即必须实现的目标。②明确目标的多重性与互斥性。高校教育管理的目标具有多重性，要明确多元目标之间的关系，对于不同年级、不同专业的学生而言，目标的侧重是不同的，一般决策只能在特定时期选择一项作为主要目标。多元目标有联系性也具有互斥性，如对面临着毕业的高校班而言，考研究生、考公务员以及求职之间联系紧密，但互斥性明显。所以确立主要目标与次要目标之后，更要明确它们之间的关系，这样才能将全部身心投入主要目标活动里去，避免因小失大。③对目标进行限定。不同目标的设立给高校和学生带来的是不同的结果，有利目标的执行，会帮助高校和学生产生有利的成果，不利目标的执行，则很大程度上带来不良的后果，所以高校要平衡这两者之间的关系，对目标加以限定，规定一个程度与范围，在范围内的活动都是被允许的，一旦超出则对计划与目标进行活动终止。一般而言，有三个基本特征的目标可供衡量和把握，即能够计量、规定期限和确定责任人。

第三，拟订决策方案。选择是在拟订决策方案时的关键，只有提供的可选择方案越多，才能更易做出正确的选择。只有通过举办多种多样的活动，才能对目标有一个很好的实现，因此，需要拟出多个决策方案来帮助目标的实现。决策目标的成功实现往往伴随着众多的决策方案的实行，因为对于管理者而言，若行事方法只有一种，那么这一种方法极有可能是错误的，这就要求管理者思考多种优良方案。

第四，比较与选择。方案进行拟订以后，就需要对方案的优劣进行评价和比较，进而做出考虑和选择。一般而言，会通过三个方面的因素来进行选择：首先，要检查方案的实施条件是否完备，同时预算方案成本；其次，若方案实施成功，可以为高校和学生带来怎样的短期利益与长期利益；最后，要提前预测方案实施过程中可能遇见的各种问题和困难，从而预估方案实施成功的概率有多大。在将所有的方案通过以上三类要素进行评估之后，得出的差异化结果可以帮助我们分析每个方案的优势和劣势，进而帮助我们更好地选择。在明确方案优劣后的选择，不仅可以让方案的优势得以发挥，还可以对方案中的劣势环节进行充分的准备与解决，并同时预备好应急策略以面对突发情况，从而避免不必要的损失。

（2）高校教育管理计划。高校教育管理计划就是在决策既定目标的前提下，进一步根据实际情况，科学地、及时地预计和制订为达到一定的目标的未来行动方案。具体而言，就是通过将学校在一定时间内的活动任务分解给学生管理的每个部门、环节和个人，从而不仅为这些部门、环节和个人的工作以及活动的检查与控制提供依据，而且为决策目标的实现提供组织保证。

第一，高校教育管理计划的制订。一般而言，高校教育管理计划的制订可以遵循以下四个步骤：

一是收集资料，为计划的制订提供依据。由于计划多种多样，所以进行计划制订的时候，一定离不开不同专业和不同年级高校学生的资源配合与执行，所以计划制定者在制订计划的时候，需要收集多专业、多年级的高校学生的活动能力及外部资源的资料，为计划者制订计划提供合理有效的依据。

二是目标或任务分解。依据决策总目标，进行阶段性目标分解实现的分工结构，有助于将长期目标细化成阶段性的目标，从而将阶段性的目标落实进各个部门、各个活动环节，有效地明确每个阶段性目标的责任，促进工作的良好开展。目标或任务分解的主要目的还是促进学校形成良好的目标结构，即目标的时间结构和目标的空间结构。依据目标结构，高校目标可以分为较高层次的目标与较低层次的目标，较高层次的目标一般而言是总体目标和长期目标，而较低层次的目标一般而言是部门、环节和各阶段目标，目标结构就是描述了这两者之间相互指导与保证的关系。

三是目标结构分析。目标结构分析主要是研究高校较低层次目标（高校各阶段目标）对较高层次目标（高校长期目标）的保证能否落实，这点对高校教育管理计划的制订十分重要。高校各部分各阶段目标的达成，是促使整体目标的实现的必要条件。高校若在阶段目标的实现过程中发现某个或某些具体的目标无法达成，就要考虑采取相关的补救措施，以促进整体目标的达成，若出现具体目标无法补救的情况，就需要考虑对较高层次目标进行相关调整和修订了。

四是综合平衡。高校教育管理计划的制订还应注意综合平衡的工作：①平衡工作一般分为时间平衡和空间平衡，即与决策目标结构对应的学校各部分在各时期的任务是否相互协调和衔接；分析学校各阶段任务是否相互衔接，以保证学校活动能够顺利进行的工作，是时间平衡方面的工作；分析学校各阶段各部分任务之间是否协调，以保证学校整体性活动能够相互进行的工作，是空间平衡方面的工作。②高校活动是否能够顺利进行与高校对其的资源供应有着密不可分的关系。高校活动的进行和实施离不开高校的资源供应，能够在恰当的时间为活动筹集到足够的物资，保证活动的顺利举行和持续性开展，是综合平衡工作中的一部分。

第二，高校教育管理计划的执行。高校教育管理计划制订之后，就要对制订的计划进行执行，若没有执行的步骤，任何计划都是空谈。在高校教育管理计划的执行过程中，高校管理者和高校学生是计划执行的主要力量，计划执行过程中是否能够保质保量，是否能够圆满完成，在很大程度上取决于执行者，即高校教育管理者和高校学生，在计划执行过程中是否积极发挥了主观能动性。

第三，高校教育管理计划的调整。任何计划执行的过程，都不是一成不变的过程。计划制订后进行执行的期间，时常会有实际情况的变动，而此时执行者就需要根据实际情况对计划的执行做出最恰当的调整。另外不仅是客观因素的影响，而且随着时间的推移，执行者的认知也会随之不断发生改变，对计划的实时调整，有助于执行者对计划更好的执行，从而呈现出最好的计划成效。

高校教育管理计划同样需要执行者根据实际情况进行不断的恰当调整。滚动计划就是能够符合高校教育管理计划调整的一种现代计划方法，它的特点便是可以在计划执行过程中根据实际情况的相应变化而对计划做出实时恰当的调整。这种方法根据计划的执行情况和环境变化情况定期修正未来的计划，并逐期向前移动，使短期计划、中期计划有机结合起来。一般计划的制订是符合当时条件下的最恰当的内容，但随着时间的推移与发展，很多因素都会随之变化发展。计划工作的难点之一就是很难从开始就全盘预估到后来的情况，并且随着计划的延长，工作中的变化和不确定性因素会逐渐加剧，如果仍然按照过时的计划开展工作，肯定会带来不可预估的损失和不良后果。滚动计划的采用就很好规避了这种不确定性带来的不良后果。

滚动计划的基本做法就是放到高校教育管理计划执行的过程中来，高校先制订好一个时期的计划，然后执行者在计划的执行过程中，要注意高校内外因素的变化，并根据这些变化对计划加以修正，使计划不断地延伸和发展，滚动向前。一般而言，长期计划在执行过程中，所面临的执行环境是非常复杂的，变动因素也是最多的，所以滚动计划方法更多的是在长期计划中的应用，通常是对长期计划进行的修正和调整。如滚动计划可以根据高校内外条件因素的变化和计划实际的开展情况，来进行适时恰当的修整，从而促进一个为高校各部门、各阶段活动作导向的长期计划的形成。当然这种计划方式也不是完全绝对的，也是可以应用到短期计划工作中的，如年度和季度计划的制订和修正。

（3）高校教育管理组织。为了使高校内人、财、物、信息、时间、技术等资源都得到最佳合理的配置与应用，高校教育管理组织应运而生。高校教育管理组织是一个高校学生管理机构和学生工作管理者，通过对管理机构的建立，对职位、职责和职权的确立，对各方关系的协调，把组织内各要素联结成一个有机整体，从而对计划进行有效的实施与修正的组织。高校学生的健康成长、良好的未来发展和高校教育管理目标的实现，都离不开科学的高校教育管理机构的设置和合理有效的组织工作的实施，而科学合理的且能行之有效的高校教育管理机构的建构就至关重要。高校教育管理组织具体如下：

第一，学生工作处。学生工作处具有两种工作职能：行政管理职能和思想教育职能。行政管理职能的主要工作是面对学生的日常管理方面，如应对新生的招生工作，应对毕业生的就业工作，应对日常的奖惩、生活指导等行政管理工作。思想教育职能则更专注学生的思想教育方面，如新生入学教育、学生日常生活方面的思想教育和毕业就业方面的思想教育。学生工作处将两者进行结合，可以有效地规避管理和思想上的脱节，推动学生工作在高校党委宏观指导下的顺利进行。

第二，团委。在高校教育管理组织中，团委的主要职能是在学校党委的领导下，对大学生团体组织的建构与管理做好把关工作，同时在学生会和学生社团方面、学生的社会实践活动和志愿者活动方面，都做好相应的管理与指导工作，负责这些活动的顺利开展。

第三，学生会。学生会、院（系）学生会和各班级的班委会共同组成了学生会，是一个结构完整的组织系统。在管理方面，学生会的管理系统比较严密，使学生会既有独立性又有整体性，即各部门和各成员之间不仅有分工还有协作。学生会组织在高校教育管理组织中占据着重要的地位，是高校教育管理工作可以顺利实施的有效条件，所以在进行高校教育管理的过程中，学生会组织的完善、巩固得以实现。同时，学生会是由高校学生组成，不仅涉及高校学生学习、生活、就业等各方面的事情，更代表着广大高校学生的切身利益，所以高校上级管理部门对学生会组织不仅要给予必要的指导，还要给予一定的财力支持，促使学生会组织能够积极地发挥主观能动性，使学生会真正地起到连接学生与学校的桥梁作用，有效促进高校教育管理的顺利开展与实行。

第四，大学生自我管理委员会。大学生自我管理委员会一般是挂靠在学生处或团委，由三个部门构成，即生活保障部、宿舍管理部和风纪监察部。①生活保障部。生活保障部主要针对的是高校学生在校期间的就餐方面，它的主要任务就是通过对就餐环境的美化和就餐秩序的维护，构建文明食堂，为高校学生创建文明的生活环境。②宿舍管理部。宿舍管理部主要是通过对高校宿舍进行管理，给广大高校学生提供一个可以进行良好学习和生活的清洁又舒适的环境。③风纪监察部。风纪监察部主要是对高校校园环境的整治，即对高校学生发生的违纪行为进行监督与治理，如对食堂的秩序进行维护与引导等。

二、高校教育管理的理念认知

教育管理理念是关于教育的一般原理和规律的理想观念。当代教育家在总结前人教育思想的基础上，以社会未来人才需求为前提，形成了对教育未来发展的认识理念。教育管理理念，是指关于教育未来发展的理想的观念，它是未来教育发展的一种理想的、永恒的、精神性的和终极的范型。现代教育管理理念对教师提出了教育的理想模式，它作为社会文化的典型代表，保持着对社会政治、经济、文化发展的前瞻性。

经过长期对教育实践和教育理论的深入研究，人们为现代教育理念赋予了比较深刻的思想内涵。一方面，在理论层面上，高校教育理念改变了传统教育侧重应试教育的特征，突破了经验导向的束缚，内容上更加系统，更具有针对性，被赋予了创新精神、冒险精神、开拓精神和批判精神等思想内涵，显示出了客观、可信的科学特征；另一方面，在操作层面上，高校教育理念在指导教育实践过程中更加成熟，呈现出包容性、可行性、持续性的特点，势必对高校教学起到了很好的导向作用。高校教育管理的思想理念主要包含以下几个方面：

（一）全面发展理念

高校教育以促进人的自由全面发展为宗旨，因此，它更关注人的发展的完整性、全面性。从宏观而言，高校教育是面向全体高校学生的国民性教育，注重民族整体的全面发展，以大力提高和发展全民族的思想道德素质和科学文化素质，提高民族的知识创新能力和技术创新能力，增强包括民族凝聚力在内的综合国力为根本目标；从微观而言，高校教育以促进每一个学生在德、智、体、美、劳等方面的全面发展与完善，造就全面发展的人才为己任，这就要求人们在教育观念上实现由精英教育向大众教育、由专业性教育向通识性教育的转变，在教育方法上采取德、智、体、美、劳等并举、整体育人的教育方略。

（二）以人为本理念

高校教育作为培养和造就社会所需要的合格人才以促进社会发展和完善的崇高事业，自然应当全面体现以人为本的时代精神。因此，高校教育强调以人为本，把重视人、尊重人、理解人、爱护人、提升人和发展人的精神贯穿于教育教学的全过程、全方位，它更关注人的现实需要和未来发展，更注重开发和挖掘人自身的禀赋和潜能，更重视人自身的价值及其实现，并致力于培养人的自尊、自信、自爱、自立、自强意识，不断提升人们的精神文化品位和生活质量，从而不断提高人的生存能力和发展能力，促进人自身的发展与完善。高校教育已成为增强民族凝聚力的重要手段，成为综合国力的基础并日益融入时代的潮流之中，备受人们的青睐与关注。

（三）主体性理念

高校教育是一种主体性教育，它充分肯定并尊重人的主体价值，宣扬人的主体性，充分调动并发挥教育主体的能动性，使外在的、客体实施的教育转换成受教育者主体自身的能动活动。主体性理念的核心是充分尊重每一位高校学生的主体地位，"教"始终围绕"学"来开展，以最大限度地开启学生的内在潜力与学习动力，使学生由被动接受性客体变成积极的、主动的主体和中心，使教育过程真正成为学生自主自觉的活动和自我建构过程。教育过程以学生为中心、以活动为中心、以实践为中心，倡导自主教育、快乐教育、成功教育和研究性学习等新颖活泼的主体性教育模式，以激发学生的学习热情，培养学生的学习兴趣和习惯，提高学生的学习能力，使学生积极主动地、生动活泼地学习和发展。

（四）素质教育理念

高校教育注重教育过程中知识向能力的转化工作及其内化为自身的良好素质，强调知识、能力与素质在人才整体结构中的相互作用、辩证统一与和谐发展。高校教育强调学生实践能力的锻造，全面素质的培养和训练，主张能力与素质是比知识更重要、更稳定、更持久的要素，把学生综合素质的培养与提高作为教育教学的中心工作，以帮助学生学会学习和强化素质为基本教育目标，旨在全面开发学生的多种素质潜能，使知识、能力、素质和谐发展，提高人的整体发展水平。

（五）个性化理念

丰富的个性化发展是创造精神与创新能力的源泉，知识经济时代是一个创新的时代，需要大批具有丰富而鲜明个性的个性化人才来支撑，因此，产生了个性化教育理念。高校教育强调尊重个性，正视个性差异，张扬个性，鼓励个性发展，允许学生个性发展的不同，主张针对不同的个性特点采用不同的教育方法和评估标准，为每一位学生的个性充分发展创造条件。高校教育把培养完善个性的理念渗透教育教学的各个要素与环节之中，从而对学生的身心素质特别是人格素质产生深刻而持久的影响力。在教育实践中，首先，个性化理念要求创设和营造个性化的教育环境和氛围，构建个性化教育大平台；其次，在教育观念上，它提倡平等观点、宽容精神与师生互动，承认并尊重学生的个性差异，为每一位学生个性的展示与发展提供平等机会和条件，鼓励学习者各显神通；最后，在教育方法上，它注意采取不同的教育措施施行个性化教育，注重因材施教，实现从共性化教育模式向个性化教育模式转变，给个性的健康发展提供宽松的生长环境。

（六）创造性理念

高校教育强调教育教学过程是一个高度创造性的过程，以点拨、启发、引导、开发和训练学生的创造力才能为基本目标，它主张以创造性的教育教学手段和优美的教育教学艺术来营造教育教学环境，以充分挖掘和培养人的创造性，培养创造性人才。完整的创造力教育是由创新教育（旨在培养学生的创新精神、创新能力与创新人格）与创业教育（旨在培养学生的创业精神、创业能力与创业人格）二者结合而形成的生态链构成，因此，加强创新教育与创业教育并促进二者的结合与融合，培养创新、创业型复合性人才成为现代教育的基本目标。

（七）多样化理念

现代社会是一个日益多样化的时代，随着社会结构的高度分化，社会生活的日益复杂和多变，以及人们价值取向的多元化，教育也呈现出多样化发展的态势。从教育需求多样化而言，为适应经济社会发展的要求，人才的规格、标准必然要求多样化；从办学主体多样化而言，教育目标多样化，管理体制多样化，灵活多样的教育形式、教育手段，衡量教育及人才质量的标准多样化而言，这些都对教育教学过程的设计与管理提出了更高的要求与挑战。多样化理念要求根据不同层次、不同类型、不同管理体制的教育机构与部门进行柔性设计与管理，更推崇符合教育教学实践的弹性教学与弹性管理模式，主张为教育事业的发展提供更加宽松的社会政策法规体系与舆论氛围，以促进教育事业的繁荣与发展。

（八）开放性理念

当今时代是一个空前开放的时代，科学技术的日新月异，信息的网络化，经济的全球化使世界日益成为一个更加紧密联系的有机整体。全方位开放式的新型教育包括教育观念、教育方式、教育过程的开放性，教育目标的开放性，教育资源的开放性，教育内容的开放性，教育评价的开放性等。教育观念的开放性指民族教育要广泛吸取世界上一切优秀的教育思想、理论与方法为我所用；教育方式的开放性指教育要走国际化、产业化、社会化的道路；教育过程的开放性指教育要从学历教育向终身教育拓宽，从课堂教育向实践教育、信息网络化教育延伸，从学校教育向社区教育、社会教育拓展；教育目标的开放性指教育旨在不断激发人的创造潜能，不断提升人的自我发展能力，不断拓展人的生存和发展空间；教育资源的开放性指充分开发和利用一切传统的、现代的、民族的、物质的、世界的、精神的、现实的、虚拟的等各种资源用于教育活动，以激活教育实践；教育内容的开放性指教育要面向世界、面向未来、面向现代化设置的教育教学环节和课程内容，使教材内容变得开放、生动和更具现实包容性与新颖性；教育评价的开放性指打破传统的单一文本考试的教育评价模式，建立多元化的更富有弹性的教育评价体系与机制。

（九）系统性理念

随着知识经济的不断发展，终身教育成为现实，教育成为伴随人一生的最重要的活动之一。因而，教育不再仅仅是学校单方面的事情，也不仅是个人成长的事情，而是社会进步与发展的大事，是整个国民素质普遍提高的事情，是关乎精神文明建设及"两个文明"协调发展的全局性、战略性大业，它是一项由诸多要素组成的复杂的社会系统工程，涉及许多行业和部门，需要全社会普遍参与、共同努力才能做好。我国正在形成的是一种社会大教育体系，它需要在系统工程的理念指导下进行统一规划、设计和一体化运作，以培养人们的学习能力，提升人们的生存能力和发展能力为目标，以实现社会系统内部各环节、各部门的协调运作、整体联动为基础，把健全教育社会化网络作为构成教育环境的中心工作，促进大教育系统工程的良性运行与有序发展，以满足学习化社会对教育发展的迫切要求。

三、高校教育管理的观点分析

（一）教学观

1. 教学与教学观

教学观支配着教师的教学实践活动，决定着教师在教学活动中采取的态度和方法。由教师的教向学生的学转化是现代教学观，现代教学观要求使用发展的观点来看待学生，着眼于调动学生学习的积极性和主动性，教给学生学习的方法，培养学生学习的能力，即着眼于培养学生不断学习、不断探索、不断创新的能力，以适应不断变化的社会。现代教育理念是高校教学观的理论基础，而现代教育理念的核心思想则是高等教育理论的基石。"信息化教学，就是指教育者和学习者借助现代教育媒体、教育信息资源和方法进行的双边活动，它既是师生运用现代教育媒体进行的教学活动，也是基于信息技术在师生间开展的教学活动。"[①]

在我国，高校教育理念逐渐明确了其思想信仰，囊括了以人为本、尊重知识和尊重人才、建立和谐教育环境等思想内涵。在此基础上，高校教学观明确了教育者和受教育者双方的权利和义务：教师为受教育者提供优质高效的服务，重视学习者的意愿和价值观，而学生具有选择知识、获取知识、选择教师的权利。

高校教育理念包括理论与实践的研究，是大教育观，它注重整体性和方向性的研究。高校教学观是现代教育理念在操作层面中的运用，是实践现代教育理念的工具和手段，因此，现代教育理念与高校教学观是紧密相连的，高校教师和教学管理者掌握现代教育理念，并将其转化为指导教育实践的教学观，有着非常重要的现实意义。

教学是学校的中心工作，是育人的基本实践活动。教学观就是教师对教学的认识或对教学的主张，具体而言，就是教师对教学目标、教学过程、教学对象等基本问题的认识。教师从这一认识出发，确定教学目标，选择教学方法，并决定了教师在教学中对教育对象采取的态度。因此，有何种的教学观，就有何种教学行为，不同的教学行为必然导致不同的教学效果。

2. 教学观的主张

教学观的主张包括以下方面：

（1）学科教学的最终目标是促进学生的全面和谐发展。学科教学作为教育的基本活动形式，其目标应全面体现教育的培养目标，体现教育功能的前瞻性，体现学生的全面发展。学科教学的终极目标，不仅要使学生掌握一定的知识技能，而且还要发展学生的

---

① 张嘉志. 信息化教学方法与技术 [M]. 北京：北京师范大学出版社，2011：17.

智力和体力，与此同时，还要培养学生正确的世界观，形成健康的个性品质，即学科教学的最终目标是促进学生全面和谐的发展。教学的基本价值、基本作用、基本任务都决定了教学的最终目标是全面育人。全面育人既是教学的终极目标，又是深化教学改革的目标。

（2）从"以教育者为中心"转变为"以学习者为中心"。一方面，在教学中调动学生的积极性。教师和学生是教学活动的两个基本要素，在教学活动中，教师与学生都以确定的对方为前提，教与学既相互独立又相互依赖，彼此以对方的存在为依据。另一方面，创建全新的教学方法。高校教学是一种有目的有计划地培养人的创造性活动，更重要的是发展学生的智力，发展学生内在创造潜能，全面提高学生素质，这就要求改变传统教学方法，创建全新的教学方法体系，更充分地发挥教学的多方面功能，以实现人的素质全面和谐的发展。

（3）从"教学生学"到"教学生自己学"的转变。随着生产力水平的提高，社会进步和科技发展日益加快，科学越来越呈现出高度分化又高度综合的格局，学生的创造性就像创造性学习一样，是使个人做好准备，为了在行动上与新情况相协调的一种读书模式，它能使学生在理解书本知识的基础上，学会使用预测、模拟、模型和情景描述等方法技巧，来考虑趋势，制订计划，评估目前决策的未来后果。与此同时，注重理论和实践的结合，创造性地解决各种复杂的问题。"从创新体制机制为切入点，转变信息化教学理念，加强教师信息化教学能力，提升资源开发和应用水平，激发信息化教学活力，最终有效提升教学质量的内涵式发展将成为高校信息化教学科学发展、合理发展和长远发展的必由之路。"[①] 在教学中，教师不但要让学生学习知识，更要抽出大量时间来培养学生自主学习的能力，这是高校教学观念的最重要之处。

（二）教师观

教师观即教师的教育观念，是教师对教师职业的特点、责任、教师的角色以及科学履行职责所必须具备的基本素质等方面的认识，它直接影响着教师的直觉、判断，进而影响其教学行为。不同的教育理念会产生不同的教师观，通过对高校教育管理教师观的论述，能够使教师了解现代教师的职责和特点，明确现代社会对教师的期望和要求，提高教师的现代意识，使教师树立正确的现代教师观，实现教师角色的准确定位，提高教师的素质，以便全面地履行教师的职责，成为符合素质要求的教师。教师的教育观念是教师在教育教学中所形成的对相关教育现象，特别是对自己的教学能力和所教学生的主体性认识，它直接影响着教师的知觉、判断，进而影响其教学行为。

---

① 田生湖，赵学敏．我国高校信息化教学的现状、趋势与发展策略［J］．当代教育科学，2016（11）：39．

1. 教师的教育使命

（1）努力学习，提高自身素质。教师要走在学生的前面，要培养出适应时代发展需要的学生，要有能够把握时代脉搏，善于发现时代发展需求并积极采取行动的教师。不断学习，尽快适应时代发展对教师提出的新要求，是当代教师的首要任务。

（2）实施素质教育，切实提高全民族素质。努力学习，在学习中超越，在学习中创新，这是教师必要的选择。教师不仅要更新自己，更要更新学生，不仅要重塑自己，更要重塑学生。重塑是指打破过去的陈规陋习，站在时代发展的高度，用新的需求来呼唤人、要求人和培养人，以适应当今时代的发展趋势，并以促进社会发展趋势为目的，重新设计教育目标、教育制度、教育内容和教育方法，把素质教育真正落到实处。

（3）勇于创新，并形成自己的教育特色和教学风格。学生素质的提高和教育理论的革新，最终都依赖于广大教师的教育创新。要完成高效率地提高学生素质的历史使命，每一位教师都必须彻底解放思想，坚持实践是检验真理的唯一标准，只要是有利于高效率地提高学生的素质，促进学生全面主动和谐地发展，有利于提高教育的质量和效益，就要大胆地创新，不要迷信任何权威与模式。真正的最优教学方法，只存在于教师自己的创造性劳动中，只有不断地创新，才能找到适合于每个班级、每个教师、每个学生的最优教学方法，并形成自己的特色与风格。

2. 教师劳动的特点

教师劳动的对象是人，劳动的产品也是人，教师所要处理的矛盾，也大都表现在人与人之间的关系上。作为教育人这一特定条件下的教师的劳动是一项复杂的脑力劳动，与体力劳动和其他脑力劳动相比，有其自身的特点，这些特点主要是由教师劳动的目的、对象和手段决定的。

教师劳动的目的是把全体学生都培养成德、智、体、美、劳各方面都得到健康发展的人。学生的身心发展尚未成熟，具有多边性、发展性和较大的可塑性，而且各自具有独特的个性。教师劳动的手段也很特殊，教师劳动的全部力量都构成了教育因素，都成了教师教育好学生的手段。从高校教师的劳动任务、劳动对象、工作的方法和手段以及现代教育对教师的要求而言，高校教师劳动的特点主要包含以下方面：

（1）复杂性。高校教师劳动的复杂性主要是由教育对象、教育任务和教育影响的多样性决定的。从教师的劳动对象而言，学生是有道德、有感情、有主观能动性的人，他们的兴趣、爱好、性格和能力都存在着个体差异，教师既要面对全体学生施教，又要注意因材施教；从教育的任务而言，教师不仅担负着传授知识，培养技能，发展智力的任务，而且还担负着培养学生的思想政治品德，以及对学生进行体育、美育和劳动技术教育等方面的任务；从教育的影响而言，影响学生发展的因素多种多样，不仅有来自学校各方面的因素，而且也有来自家庭和社会等方面的因素，教师要想教育好学生，就必须协调好这诸多影响和学生发展因素之间的关系。

教师的劳动是复杂的，是因为要做一个好的教师，其工作是艰巨的和繁重的。但是，教师通过自己的劳动，为社会、为国家培养出了无数有用的人才。无论是艺术家、科学家还是作家，或者是普普通通的劳动者，在迈出人生第一步的时候，都要受到教师的教诲和影响，是教师用自己的智慧培育了他们。

（2）创造性。创造性是教师劳动的中心和基础，由于教师的劳动对象是具有思想感情的，是受社会多方面因素影响的，所以各不相同。而教学是一门永无止境的艺术，教学有法但无定法，其原因主要就在于此。因此，高校教师要想教育好学生，就必须因人、因事、因时、因地有创造性地设计和实施教育学生的方针和策略，并科学地预见其结果。教师既要按照统一的目标来培养学生，又要注意学生个性的发展。高校教师在劳动的过程中充满了创造性，有时甚至在不自觉中进行着创造性教育的实践，教师的劳动绝不是一种单纯的重复劳动，而是一种创造性的劳动。

（3）示范性。教师教育学生不仅依靠学识才能，而且也包括自己的心理品质、言行风范、治学态度、人生观和世界观等方面。换言之，教师要教育好学生就不仅要言传，更重要的是身教，这就决定了教师的劳动具有很强的表率性和示范性。由于教学是师生共同的活动过程，而学生的模仿性特别强，教师的言行、工作态度、情感以及意志品质，在学生面前都表现得淋漓尽致，直接影响着学生的行为，这与教师使用自己的模范行为、榜样力的品学和教师的德才有着一定关系。因此，一个乐于而且善于为人师表的教师，不仅应当加强自己在学识才能方面的修养，而且还必须加强自己在人生观和世界观等方面的修养。

3. 教师的基本素质

如今，决定教育系统优劣的正是教师自身的素质，未来社会对教育的要求，归根结底是对教师自身素质的要求。无论是教育观念的更新，还是教学内容、教学方法的改革，都取决于教师的工作、教师的态度，教师在教育的发展与改革中起着关键的作用。高校教师要满足社会发展与育人的需要，必须具备以下基本素质：

（1）正确的教育理念。高校教师应该具有与时代精神相通的教育理念，教师对教育工作的本质、责任以及特点要有深刻的理解，要认识到教师所从事的事业是关系社会的发展和国家的未来，关系每个人的生命价值和每个家庭的幸福与希望的重要事业，从而形成对事业的责任感和荣誉感。在正确理念的支持下，教师在工作中才能做到以素质教育为本，把发展人的智力、开发人的个性放在首位，才能不断开拓自己的事业，努力寻求科学的教育教学方法，同时，在教学活动中不断地完善自己，充实自己，形成自己独特的教育教学风格，实现由"工匠型"教师向"专业型"教师的转变。

（2）良好的职业形象。每个社会职业都有特定的行为模式和行为规范，教师的职业形象是其在完成教育教学任务时，在学校以及在社会中承担的职业作用和表现。由于高校教师的劳动特点是劳动者与劳动工具的统一，教师的自身形象对于学生的发展具有强烈的外在示范性与内在的感染性，源于其做人的楷模，教师的仪表、教风、言谈举止和良好习惯，都是教师良好素质的外化，同时也是影响学生形成良好素质的动力。

教师必须努力提高自身的思想品德修养，要热爱祖国；教师要有崇高的精神境界，要具备为教育事业的发展艰苦奋斗的献身精神；教师要有高尚的情感，对学生要有博大无私的爱，要尊重学生，信任学生，理解学生；教师要有良好的文明修养，要严于律己，以身作则，遵纪守法。只有具备良好的形象、规范的行为，才能对学生起到言传身教、潜移默化的作用，才能有助于学生良好人格的培养与形成。

（3）多元的知识结构。教育内容的社会化是新课程计划的一个特点，新课程计划要求加强对学生进行技术、知识、青春期、心理健康等方面的教育，并渗透环境、交通、国防等教育。对同一个学生进行多学科施教的过程中，要求各科教师有互相配合的意识，应善于从学科交叉、学科对比与学科渗透等方面对学生进行教育，这些都要求高校教师不能只掌握单一的学科知识，而要构建多元的知识结构。教师在掌握扎实的专业知识的基础上，还要学习自然科学、社会科学，研究科技前沿的最新成果、最新知识，必须更多地学习和掌握教育学和心理学的理论。高校教师不仅是实践者，还要成为研究者，因此，要学习与提高对人的认识、教育哲理的形成、管理策略、教育教学活动设计，方法选择、现代教育技术手段的运用以及教育研究等方面的知识，使自己不仅会教，而且有自己的教育追求与风格，充分发挥出教师教书育人的功能。

4. 教师的专业精神

从教师专业性质和专业化过程的特点而言，高校教师应当具有的专业精神表现在以下几个方面：

（1）敬业乐业精神。敬业是指教师对自己所从事的专业工作发自内心的崇敬。任何一个做教师的人，都应当首先对教师专业有清晰而独特的了解和认识，怀有强烈的尊严感，才能建立起坚定的专业信念，也才能对社会的各种评价做出正确的、理性的判断。敬业还需乐业，乐业就是教师在对自己有正确认识的前提下，对专业工作表现得从容自在、心甘情愿。一个人一旦投入教师专业，就要不被物欲左右，不被名利所动，做到淡泊明志、清高有为，由敬业乐业而获得人生之乐。

（2）勤学进取精神。教师是教育者，同时也应当是学习者。只有不断学习，积极进取，才能真正成为知识和文化的化身，也才能担当起培育人才的重任。尤其是现代社会的发展，新知识、新观念、新理论不断涌现，高校教师几乎每天都面临着一个新的世界，只有不断勤奋前进，把学习当作自己工作乃至生命中不可缺少的部分，才能适应时代要求。

（3）开拓创新精神。教育即创造，这是人们公认的原理。在现实的教育活动中，教育对象千变万化，学生个性千差万别，时代发展对人的要求又日新月异。教师要把一个个独特个体从蒙昧状态培养成社会所期望和需要的人才，绝不是靠按照某种程式的机械劳动可以完成的，而是要靠高度的创造性的劳动。因此，高校教师的专业工作要求教师敢于借鉴，勇于开拓，依据变化的情况，不断寻求适合教育对象的教育方案、方法和手段，使教育教学活动更科学、更完善，建立起自己独特的教育风格。

（三）学生观

教育活动是促进学生成长的自觉实践。学生观即人们对学生的基本认识和根本态度，是直接影响教育活动的目的、方式和效果的重要因素。当前，社会正处在教育现代化的历史进程中，各种各样的学生观大量存在，教师需要认真研究学生观的问题，努力确立现代学生观，在正确的学生观的指导下，找准教育与知识经济的结合点，全面实施素质教育，才能最大限度地开发学生的潜能。

1. 学生是教育活动的主体

教师主体对学生客体的教育与改造，只是学生发展的外部条件和外因，学生的主体活动才是学生获得发展的内在机制和内因。虽然，人们在观念上并不一概地反对学生是主体，但在具体教育实践中，却往往不把学生作为真正的主体来对待，因此，如何落实学生在教育活动中的主体地位问题，需要进一步探索，具体包含以下几个方面：

（1）学生是学习活动的主体。对学生的学习活动，应做广义的认识和理解，它既包括各学科知识和技能的学习，学科能力和运用学科知识解决问题的能力的学习，又包括各学科知识之外的人文和科学等综合知识的学习，做人和做事等方面知识的学习；既包括知识、思想、观念等方面的学习，又包括态度、品质、行为等方面的学习；既包括习得和强化的一面，又包括矫正和消除的一面；既包括观察学习和模仿学习，又包括解决问题式的学习和创造性的学习；既包括上述各个方面和各种形式的学习，又包括这些学习过程和学习机制的学习。学生作为这样一些学习活动的主体，要加工学习对象，改造学习对象，以建构自我，发展自我，完善自我，从而实现主体客体化。

（2）学生是具有一定主体性的人。学生作为各种学习活动的发起者、行动者、作用者，前提是他要有一定的主体性，这是他作为主体的基本条件。事实上，随着学生自我意识的形成和不断增强，学生自身就有一种自尊自信和追求真理的自觉性，在许多活动中表现出渴望独立，渴望自主选择，渴望自主判断。在高校教育活动中，学生发挥自身主体性的形式是多种多样的，既表现为学习意向上的自觉性和主动性，又表现为学习过程中的接受、探索、训练、创新等具体行为。在不同的任务中，在不同的条件下，主体性表现的形式也各有差异。落实学生的主体地位，关键是根据具体的教育要求，调动学生的主动性，为学生构建广阔的活动空间。

（3）教育在于建构学生主体，学生虽然具有一定的主体性，但就其程度而言比较低，就其范围而言比较狭窄，尤其在教学中，学生主体相对于教师主体而言，诸多方面的力量都显得较为微弱。教师的主体作用，一方面表现为努力提高学生主体性水平，使其由片面到全面，由强到弱，使学生客体主体化；另一方面表现为诸如受动性、适应性、手段性，它虽然总是在阻碍、抑制、影响着能动性、自主性、自为性的有效发挥，但要充分认识它的积极作用和积极意义，事实上，在一定程度上，人的主体性是能动性与受动性、自主性与适应性、自为性与手段性的辩证统一。

2. 学生是发展中的人

如何看待学生的身心发展问题，是学生观的重要内容，涉及对学生天性和潜能的估计，也涉及对学生身心变化过程的认识。坚持何种发展观念，对教育目的的确定以及教育行为的选择都有直接的导向作用，具体包含以下几个方面：

（1）学生是具有生命意义的人，这是一种最本质的朴素观，也是第一位的学生观，这是历史的进步和人类文明的标志，更是知识经济时代对教育的深切呼唤。从教育发展的历史实践而言，无论人们是坚持性善论还是坚持性恶论，最后都能通过一定的教育措施促使学生朝着积极的方向发展，区别主要在于各自的教育方式和教育重点。性善论注重主体的自觉和内在力量的挖掘；性恶论注重主体外在规范的约束和行为矫正。提倡用积极乐观的眼光和态度来评估学生的天性，教师应树立一种乐观的人性观，善意地评估学生的天性和行为表现，多关注学生身上所具有的那种自我提高和完善的内在需要与倾向。乐观估计学生的天性，也就是要坚信每个学生都是可以积极成长的，是可以造就的，是追求进步和完善的，因而对教育好每个学生都应充满信心。

（2）用发展的观点认识学生。用发展的观点来认识和对待学生，包含以下方面：

第一，学生身心发展是有规律的。人的身心发展，既是自然的客观过程，又是社会历史文化发展过程，是自然性与社会性的统一。遗传、环境和教育是决定个人身心发展的基本要素，各种因素作为个体发展的条件，通过个体的活动而发挥作用。人的身心发展，既是一个连续的过程，同时又有阶段性，不同的年龄阶段，有不同的年龄特征，一定阶段的年龄特征，具有相对稳定性，也有一定的可变性。人身心发展具有一般规律性，学生（尤其是接受基础教育的学生）的身心发展，不仅服从这些规律，而且最典型地体现出人身心发展的特征与规律。认识到学生身心发展具有规律性，是非常必要的，这是客观地理解学生的基础。学生身心发展的规律客观上要求人们应努力学习、掌握有关人身心发展的理论，熟悉不同年龄阶段学生身心发展的特点，并依据学生身心发展的规律和特点开展教育活动，从而有效地促进学生身心健康发展。

第二，学生是处于发展过程中的人。作为发展的人，也就意味着学生还是一个不成熟的人，是一个正在成长的人。作为发展的人，学生的不完善是正常的。发展作为一个进步的过程，总是与克服原有的不足和解决原有的矛盾联系在一起的，没有缺陷、没有矛盾，就没有发展的动力和方向。把学生作为一个发展的人来对待，就要理解学生身上存在的不足，就要允许学生犯错误，当然，更重要的是，要帮助学生解决问题，改正错误，从而不断促进学生的进步和发展，这也是坚持用发展的观点看待学生的重要要求。

3. 学生是独特的人

学生有着自己独特的内心世界、精神生活和内在感受，有着不同于成人的观察、思考和解决问题的方式，学生有着独特的个性。因此，在对学生的认识上，应确立学生是独特的人这一基本命题。学生是独特的人的命题，主要包含以下方面：

（1）学生是一个完整的人。学生并不是单纯的抽象的学习者，而是有着丰富个性的完整的人。学生每天来到学校，并不是以纯粹的学生（致力于学习的人）的面貌出现的，他们是以形形色色的个性展现在大众面前的。每一个学生来到学校的时候，除了怀有获得知识的愿望外，还带来了他自己的情感世界。在教育活动中，作为完整的人而存在的学生，不仅具备全部的智慧力量和人格力量，而且体验着全部的教育生活。学习过程并不是单纯的知识接受或技能训练，而是伴随着交往、创造、追求、选择、意志努力、喜怒哀乐等的综合过程，是学生整个内心世界的全面参与。高校教师要把学生作为完整的人来对待，就应认可学生完整的生活世界，丰富学生的精神生活，给予学生全面展现个性力量的时间和空间。

（2）每个学生都有自身的独特性。独特性是人的个性形成和完善的内在资源，也是教育努力的重要目标，重视学生的独特性和培养具有独立个性的人，应成为教师对待学生的基本态度。

（3）学生与成人之间存在着巨大的差异。高校学生和成人之间是存在很大差异的，学生的观察、思考、选择和体验，都和成人有明显不同。由于受网络信息广泛传播的影响，现在的学生视野开阔，思想开放，讲究情趣，重视表现，对外界事物反应迅速且敏锐，追求新意和时尚。从某种意义而言，现在的学生已走在时代的前沿，比许多成人更具时代气息，只有承认并正视现代学生的群体特征，认真研究现代学生的特点，采取积极引导的措施，教育者才能有效地和学生沟通，得到他们的认同和配合，从而达到教育和影响他们的目的。每个学生都是完整的具有独特个性的人，学生群体同样具有内在的独特性，高校教师应立足于这一事实，在思想上真正尊重学生的独特性，在实践中发展和完善学生个性，从而培养出具有独特个性的新人。

四、高校教育管理特点与价值

（一）高校教育管理的特点

1. 突出教育功能的特点

高等学校的人才培养工作离不开高校教育管理，高校教育管理除了管理的属性外，还有鲜明的教育属性。

（1）高校教育管理的目标服从和服务于大学生教育的目标。高校的教育管理是为了实现预定的教育目标。大学生踏入大学校门的目的就是接受教育，高校如何通过高校教育管理来实现大学育人目标，是高校管理者必须思考的问题，高校教育管理必须要以大学生圆满完成预定学习目标为服务基础，制定出可以促进大学生德智体美全面发展的管理措施，完成不断地为社会输送人才的目标。高校教育管理与大学生教育目标的关系是，高校教育管理是手段，大学生教育目标是手段实施的依据。具体而言，有以下两个方面：

第一，大学生教育目标的实现离不开高校管理目标的实现。有效且高效的教育管理，才能为大学生学习提供各种便利和服务，才能积极调动大学生的主观能动性，保证教学活动的正常进行和学生的全面成长。

第二，高校教育管理的目标要以大学生教育的目标为实施依据。因为大学生教育目标的实施和贯彻，也就是高校教育管理目标在高校管理活动中的反映和体现，高校教育管理目标包括大学生教育目标，是高校教育管理目标之一。高校教育管理目标和大学生教育目标的统一，保证了高校教育管理的正确方向。

（2）教育方法在高校管理方法体系中具有突出的作用。高校教育管理活动应该要以现代管理活动中最常见的教育方法为基础手段，提高高校教育管理的实施成效。而高校教育管理是在组织活动中实现的，组织活动离不开人的参与，而人是有思想的动物，其思想意识支配且影响着人的种种活动，所以一切管理互动都是以人为基础运行的，只有做好人的思想工作，以思想领先为原则影响他人，才可以引导和制约人们的各种活动。

放到高校教育管理活动中来，就是通过对学生进行不断的思想道德教育来促使高校教育管理中的法律方法、行政方法和经济方法卓有成效地实施。

（3）高校教育管理过程同时也是教育大学生的过程。高校教育管理是对大学生进行指导和管理，蕴含着丰富的教育因素，高校教育管理的过程会直接影响大学生德智体美的发展，因此作为向社会培养和输出人才的高等学校，其管理工作的实施，一定要对学生产生积极的影响。要以人为本、公正和谐的理念为基础，倡导从实际出发、遵循教育规律和管理规律、实事求是的科学精神，运用民主管理、依法管理、科学管理的手段，潜移默化地影响和教育学生。只有这样，高校教育管理制定的各项规章制度才能对大学生起到思想引导和规范行为的作用，需要注意的是，高校教育管理者在管理的过程中的情感、态度和言行对大学生也有着不可估量的影响，因此，高校教育管理者在管理过程中也应注意自己的一言一行，努力成为正面积极的表率与模范。

2. 鲜明价值导向的特点

高等学校是为社会培养和输送人才的基地，所以高校教育管理至关重要。社会经济基础和意识形态等方面对高校教育管理的目的、管理体制和管理形式是具有制约作用的，因此要注意高校教育管理对大学生价值观形成、变化和发展的巨大影响。作为向全社会输送人才的高等学校，高校教育管理对人才的价值导向影响力巨大，如何为国家建设事业培养专业人才，是我国高校教育管理的一项重要课题。

（1）高校教育管理的价值导向集中体现在管理目标中。人类实践活动的基本特征是目的性。人的实践活动总是体现一定的价值观念，在实践对象的属性和一定需求及其变化趋势的基础之上做出认知判断，是人实践活动目的的基本内容和活动特性，高校教育管理的目的和人实践活动的目的相同。实际上，大学生价值观的形成和发展离不开高校教育管理的引导和促进，高校教育管理的每个举措都影响着大学生的一言一行，从整个高校教育管理系统中而言，价值观的确定和设计，是高校教育管理目的实行与运作的根基，所以我国高校教育管理的实行，要遵从我国核心价值体系的要求。

以高校教育管理的重要目标为例，即建设并维护学生良好的教育教学和生活秩序。其中"有序"的价值观就在这一目标的执行下，得到了良好的实行与发展，很好地推动与培养了大学生"有序"价值观的形成。同时，对大学生人才的培养是大学生教育以及高校教育管理的首要问题，如何培养、培养目的、培养效果等内容都蕴含着一定的价值观念和价值追求，包含这些内容的高校教育管理就是大学生教育的重点环节。

（2）高校教育管理的价值导向突出体现在管理理念中。作为高校教育管理指导思想的高校教育管理理念，对高校教育管理的原则和方法有着直接的制约作用，是对社会先进价值观的具体贯彻,对社会价值体系的鲜明体现。例如,我国以人为本的价值观,体现到高校教育管理中就是全面贯彻关心人、尊重人、依靠人、发展人、为了人的以人为本的理念,潜移默化地积极地作用于大学生价值观的形成和发展。

(3)高校教育管理的价值导向具体体现在管理制度中。高校教育管理若想要实现规范化、制度化和法制化,其基本保证和主要标志就是制定科学又严谨的规章制度,这是高校教育管理能够顺利实施的基本手段。管理规章制度的制定离不开价值观念的指导和影响,其具有鲜明的价值导向,对大学生的价值观产生有巨大影响。具体而言,可以对大学生的行为进行一系列的要求,制度中可写明具体的行为规范,例如,对大学生怎样的行为进行勉励和倡导,对大学生怎样的行为必须强烈反对和禁止;对大学生怎样的表现做出奖励和表扬,对大学生怎样的表现做出谴责和惩罚等。

3. 复杂系统工程的特点

高校教育管理是一项十分系统的工程,高校教育管理与任何管理活动的相同点体现在其整体性、层次性、动态性和开放性上,而异同点在于,高校教育管理活动具有其复杂性。

(1)高校教育管理的任务是复杂的。高校学生的专业学习和日常生活属于高校教育管理的内容,高校教育管理对大学生各方面、各环节的培养和管理是任重而道远的,有其特有的复杂性。高校教育管理在实施的过程中,不仅要注意高校学生中心任务的顺利实行,即对学生学习行为和实践活动的管理和引导,还要注意从高校学生健康成长的角度出发,对诸如学生间交际行为、消费行为、网络行为等高校学生的日常行为进行管理和引导,通过以上工作对学生的异常行为进行早发现、早校正和早处理,以保证高校学生的健康成长。具体而言,一般可分为以下四个方面:

第一,对大学生现实群体与虚拟群体的管理与引导。随着现代科技的不断发展,社交应用媒体的更新频繁,高校学生个性的不同会导致其活跃在不同的网络社群,所以从实际出发,不仅要对高校学生现实群体如学生班级、学生党团组织及学生社区和生活园区的管理和指导,还要对高校学生依据网络平台形成的虚拟群体报以持续的关注与管理。

第二,对高校学生校内外的安全都要进行关注与管理。高校学生的学习生活不止会在校内进行,校外也是其活动的重要组成区域,因此在高校教育管理工作中,不仅要对学生校园内的生活进行合理的引导和管理,还要对校园外的生活进行持续的关注和督促。

第三,开展高校教育管理工作的过程中,要全面地考虑学生的具体情况。不仅要关注可以调动全体学生学习积极性的奖学金评定工作,还要关注家庭困难学生的资助工作,双管齐下,才能保证高校学生学业的顺利完成以及学生心理的健康发展。

第四，针对新生与毕业生的不同情况，高校要运用学校的资源提供不同的指导和服务。针对新生，高校教育管理要及时帮助新生明确未来要实现的具体目标，制定合理且科学的职业生涯规划，促进学生对高校生活的合理安排，为其未来发展打下良好的根基。针对毕业生，要及时地为其提供就业与创业方面的信息，进行积极的服务与指导，促使学生能够快速地从学生身份向社会工作者的身份转变，最大限度地实现自身价值。

（2）高校学生是具有明显差异和鲜明个性的。随着现代社会科技的进步，网络时代背景下，高校学生是处于一个信息量很大的现状中的，信息的海量和易得以及自我意识的觉醒和增强，使持续受信息浸染的学生拥有了不同的精神世界和思想感情，每个人都有其特性。具体到班级单位，学生们的年级和专业都是相同的，但班级内的每个学生都有着鲜明的个人特质，如气质、性格、兴趣和习惯等。一方面，高校学生来自全国各地，不同的生活经历和生活条件会使他们的思想行为方面有比较明显的差异；另一方面，大学生崇尚个性的特质会使他们对自身个性的发展和完善有着较强的追求，这也导致了大学生个体之间的明显差异。学生是高校教育管理的对象，高校学生个体间是有显著差异的，高校教育管理对学生这种个人特质的遵循是有效地开展高校教育管理工作的前提，在这个前提下，高校教育管理对学生实行的因人制宜与因势利导的针对性工作，就具有了其特定的复杂性。

（3）影响高校学生成长的因素是复杂的。高校教育管理的目的是为社会培养和输送高校人才，而高校人才如何能够健康成长，是高校教育管理的重中之重。在现实生活中，影响高校学生学习生活的因素多种多样，不止有学校内部的教育生活因素，外部环境因素的影响也不可忽略。由于外部环境的构成因素非常复杂，因此高校教育管理的应对也呈现出相应的复杂化。环境因素往往会通过学生的学习生活活动、人际交往等方面，对学生的成长产生不可忽视的影响和作用。其中涉及了多种多样的环境因素：①历史和现实的因素；②自然和社会的因素；③物质和精神的因素；④国际和国内的因素；⑤家庭和学校周边社区的因素。

尤其是现代科技与信息飞速发展的大背景下，全球一体化趋势越来越明显，世界各国联系紧密，学生对世界各地信息的获取变得越来越容易，这些信息对学生思想和精神的影响也越发深远。以上各种环境因素的综合下，学生受到的影响是复杂而广泛的。

（二）高校教育管理的价值

高等学校是为社会输出高等人才的基地，因此如何促进学生健康发展是高校教育管理的重点，而高校教育管理工作的良好开展，对推动社会的进步、促进高等学校的可持续发展和提高大学生个体的成才都具有重大意义。

价值属于经济学范畴用词，商品生产的出现导致了价值概念的产生，凝结在商品中无差别的人类劳动就是经济学中价值的概念。随着社会的发展与科技的进步，价值的范畴进一步扩展，在道德、科技、教育和管理等各个领域中都得到了广泛而充分的应用与发展，逐渐成为人们评价一切事物的一般标准。

此处价值又在一个关系范畴之中，主客体的存在是其存在的必要条件，具体可分为两方面：①主体的需要对价值的衡量上具有重大意义，是衡量价值的标尺，判断事物或对象是否具有价值，也需要看该事物或对象是否可以满足主体的需要，由此可见，价值离不开主体。②客体的属性和功能是价值的载体，价值的实质，也就是客体的属性和功能对主体需要的满足，由此可见，价值同样离不开客体。

作为社会输出人才的高等学校，高校教育管理的意义重大，它本身的属性和功能既满足了大学生成才的需求，又满足了社会进步的需求，同时反映到高等学校自身发展上，也满足了高等学校自身发展的需求，由此可见，高校教育管理亦具有较高的价值。关系范畴的价值主客体缺一不可，具体到高校教育管理的价值，其主体就是社会、高等学校和大学生，客体就是高校教育管理本身。

第一，作为客体的高校教育管理本身。高校是为社会输送各种各样人才的基地，高校教育管理对人才的形成、培养和成长都具有极大的推动作用，而对高等学校而言，高校教育管理的好坏，也直接影响着高等学校的发展，高校教育管理做得优秀，为社会输送的优秀人才增多，高等学校的知名度的加大，对高等学校的未来发展是一个正向的反哺，所以高校教育管理的价值是建立在高校教育管理本身的属性和功能上的。

第二，作为主体的社会、高等学校和大学生。高校教育管理的最终目的是为社会输送合格的人才，高等学校是高校教育管理的实施者，大学生是高校教育管理的管理对象，社会是检验高校教育管理成果的试金石。综上所述，高校教育管理的价值就体现在其属性和功能对社会、高校和大学生需要的满足上。

1. 高校教育管理价值的特性

（1）直接性与间接性。作为高校教育管理价值的主体，即社会、高等学校和大学生，这些不同的主体受高校教育管理的作用方式不同，有直接作用和间接作用之分，即高校教育管理价值有直接性和间接性两个特点：①高校教育管理价值的直接性，是指没有中介环节，高校教育管理能够直接满足价值主体的需要。通常而言，高校教育管理能够直接地产生作用与影响的价值主体是高校大学生，即高等教育管理的实施是直接作用于学生个体的。②高校教育管理价值的间接性，是指需要通过中介环节，高校教育管理才能满足价值主体的需要。通常而言，高校教育管理通过对大学生的影响，才能间接影响到社会的发展。

（2）即时性与积累性。高校教育管理价值的实现是需要一个过程的，满足价值主体需要的过程时间长短不一，所以高校教育管理价值具有即时性和积累性两个特征。短时间内，价值主体能够从高校教育管理处得到很好的满足，即高校教育管理价值具有即时性。

（3）受制性与扩展性。因为高校教育管理是直接面向大学生实施的，大学生在学习和工作中会受到多种多样因素的影响，因而高校教育管理价值也会受到多重因素的影响，高校教育管理价值的受制性就表现在此，其可以大致分为正反两方面的影响：①当影响大学生的因素与高校教育管理作用的方向一致时，高校教育管理更容易发挥成效，高校教育管理的价值更易实现。②当影响大学生的因素与高校教育管理作用的方向相反时，高校教育管理的成效就会受到负面的影响，其价值就会难以实现。

（4）系统性与开放性。高校教育管理价值是由多种角度和多种类别构成的有机整体，具有较强的系统性，此处可以将高校教育管理价值按照各种不同的角度来进行分类，多方面解读高校教育管理价值的系统性，具体如下：

第一，按主体分类。按主体分类可以分为社会价值、高校集体价值和个体价值。社会价值体现在高校教育管理对社会运行与发展的作用；高校集体价值体现在高校教育管理对高校自身持续性发展的作用；个体价值体现在高校教育管理对大学生个体的培养和长远发展的作用。

第二，按形式分类。按形式分类可以分为理想价值和现实价值。理想价值是高校教育管理不受任何因素影响，以最理想的状态实施运作，最终实现最终价值的状态，而现实中往往有各种各样的影响与阻碍，现实价值是在现实条件下正在实现或者已经实现的价值状态。

第三，按价值高低分类。按价值高低分类可以分为高价值和低价值。高校教育管理价值是具有开放性的。随着价值主体和高校教育管理功能的变化与发展，高校教育管理的价值也会随之发展。社会发展日新月异，作为高校教育管理服务对象的大学生也在不断发生新的变化，服务对象的改变必然会导致高校教育管理的相应改变，以期适应于管理对象，扩展管理的价值。

2. 高校教育管理价值的内容

高校教育管理通过培养与输送合格的高等人才作用于社会，虽然形式是间接的，但其社会价值对社会的影响仍然是广泛而深远的。高校教育管理价值的内容主要包括以下方面：

（1）培养合格人才的重要手段。随着社会的发展，对人才的需求尤其是对高素质人才的需求越来越多，作为需要不断向社会输出人才的高等学校责任重大，高校教育管理的中心任务具体体现为：为社会培养出一批又一批的专业人才，从而促进社会的进步与发展。高校教育管理在高校培养人才的过程中扮演了重要的角色，是高校培养人才的重要手段，意义重大。

第一，维护正常的教育教学秩序。高校规章制度的实行可以帮助高校教学活动良好有序的展开，高校教育管理对高校教育教学秩序的维护是高校有效开展教学的保障。具体实行中，高校教育管理可大致分为以下几个方面：

首先，高校教育管理要按照一定的制度对学生的学籍进行严格的管理。对学生的入学与注册、课程和各种教育环节的考核与成绩记载、转专业与转学、休学与复学、退学、毕业与结业等各项工作做到明了和有序，帮助高等学校建立正常的教学秩序，从而使其能够顺利地开展各项教育工作。

其次，具体到学生群体，高校教育管理要对学生群体进行系统又全面的学习管理，从而对学生形成一种正向的督促与激励，如规范学生行为、督促学生遵守纪律等，对良好学风的养成和教育教学秩序的正常建立十分有利。

最后，高校教育管理对学生团体的管理和引导，对建立正常的教育教学秩序具有很强的促进性。综上所述，高校正常的教育教学秩序的建立是离不开高校教育管理的。

第二，激励、指导和保障学生的学习行为。教学虽然是组合在一起的词语，但"教"与"学"是两种不同的概念。从"教"与"学"中可以明显看出这是两种动作，代表着教师和学生的双向互动，因此，教学的过程中"教"与"学"也是辩证统一的。在"教"与"学"的过程中，前者是主导，后者是关键。对于大学生而言，学习是其主要任务，能否完成学习任务关系着大学生能否成为一个合格的人才，在这种情况下，高校教育管理就扮演着激励、指导和保障其顺利完成学业的重要角色。以下对这三个方面进行具体阐述：

首先，激励作用。高校教育管理可以引导学生对学习的意义产生正确的认知，让学生明白学习是实现其自身价值的重要途径，学习目的的明确也可以调动学生学习的主观能动性；奖学金和荣誉称号的设置，对优秀学生的表彰等行为，也可以激励学生全身心地投入学习中；在大学学习中引入竞争机制，组织各种具有竞争性的学习赛事，同样可以调动学生学习的积极性。

其次，指导作用。新生入学以后，高校教育管理可以引导学生熟悉大学教育环境与内容，使他们能够尽快把握大学阶段的学习特点和要求，尽快从被动性学习转向主动性学习；在大学学习的过程中，高校教育管理要引导学生及时发掘自身特点，根据社会实际的需要制定适合自身的职业规划，后期督促学生根据自身的职业方向明确学习目标，进而进行有计划有目标的学习；学生明确学习目标和规划后，良好学习方法的把握也是十分重要的，高校教育管理应给予学生一定指导，促使学生良好学习习惯的养成，进而快速提升自身的学习；在高校进行学习时，大学生社会实践活动的开展也是促进大学生学习的必不可少的一项内容，大学生不仅要掌握专业的理论知识，对专业理论知识的实践也是学习过程中的重要环节，在实践中对专业理论知识的理解和应用有助于大学生向身专业技能的加强与提升。

最后，保障作用。高校学生来自全国各地，每个学生的家庭经济状况都不相同，高校教育管理应切合实际，加强资助管理，对家庭经济困难的学生切实地做好助学贷款和助学金的发放，并对学生的勤工助学活动做必要的指导，从而帮助学生顺利完成学业。大学生的心理健康也是高校教育管理需要关注的一个方面，对学生进行及时的心理辅导，帮助学生缓解并逐渐克服学业焦虑，可以有效地帮助高校学生建立正常的学习与生活秩序。

第三，培养学生的思想品德。随着社会的发展，不仅对人才专业技能的要求越来越严格，对人才的思想品德和能力素养方面也同样开始着重关注起来，所以一个符合社会需求的人才必然要德才兼备。在大学生接受高等学校的教育过程中，不仅要对其进行深入细致的思想教育，还要以高校教育管理为辅助，督促大学生以良好思想品德为思想基础的行为习惯的养成，持续地规范大学生行为，促使大学生由他律转向自律。

若要提高高校学生的自理、自律水平，加强高校学生遵循社会规范的自觉性，促进高校学生良好行为习惯的养成，就需要以思想政治教育为主，以高校教育管理为辅，双管齐下，最大限度地推动学生自理、自律能力的提升。

高校可以利用高校教育管理功能，切合实际情况制定科学有效的规章制度，不仅对学生的行为管理和纪律约束产生强化作用，还可以使大学生的学习和生活都处于一种良好有序的状态，最大限度地提升大学生思想政治教育的成效。

（2）构建和谐社会的内在要求。

第一，高校教育管理是维护社会稳定、实现社会安定有序的重要保证。高校是高等人才的培养基地，是不断地为社会做着人才输出工作的，从高校输入社会的人才直接影响着社会是否能够稳定有序的发展，因此，社会稳定的重要方面就是高校的稳定，而高校能否稳定，高校学生是关键。

第二，高校教育管理是构建和谐校园的重要手段。高等学校是现代社会中不可或缺的重要社会组织，担负着培养人才、推进科技进步、传播先进文化的重要任务。构建和谐校园，是构建和谐社会重要举措，也是推进高等学校科学发展的内在要求。

（3）高校教育管理是促进高校学生集体和谐发展的重要手段。高校学生的班级、学生会、社团等都是高校学生在高校内团体生活的主要表现形式，这些团体活动包含了学习和生活等各方面的因素，对高校学生的思想有着直接而有力的影响。高校学生集体的和谐发展，不仅可以促进学生个人的健康成长，对高等学校内部的和谐稳定也有积极的影响和作用。

高校教育管理可以有效地规范大学生的集体活动，对大学生集体活动的和谐发展意义重大，以下通过三个方面进行具体阐释：

第一，高校教育管理可以指导高校学生集体自觉遵循学校规章制度，以高校人才培养和学生自身发展为中心，开展多样的集体活动，有效地发挥高校学生的主观能动性，促进高校学生集体发展和学校发展统一。

第二，高校教育管理可以增强高校学生的集体建设，即思想建设、组织建设、制度建设和作风建设等，加强高校学生之间的团结互助和沟通交流，促进个体的良好发展。

第三，高校教育管理可以规范高校学生集体的秩序，正确处理各类集体之间的关系，在面对大的活动的时候，高校各学生集体之间要加强沟通，争取互相之间的协调配合与支持，使大学生形成自我教育与管理的合力，促进高校内各学生集体之间的团结互助与和谐发展。

第四节　大数据背景下高校教育管理工作发展

信息化高速发展的今天，在信息管理方面，高校在信息的收集、分析、存储以及运用等方面都加大了力度，在大数据的影响下，高校传统管理模式已经没有办法适应未来高校的管理需要，其原因在于高校本身就处于科学研发、知识传播以及全新思想的前沿，只有高校顺应大数据时代的发展趋势，不断更新高校的管理方式，激发大学生的使命感和责任感，最终才能为社会培养大批量的优秀人才。

一、大数据背景下高校教育管理工作发展的方向

第一，高校教育管理的智能化。智能化是未来高校教育管理的重要发展趋势和方向之一，凭借大数据丰富的数据储备，高校教育管理在有效、科学地分析大数据后，便能

做出更加正确及科学的管理决策，将传统和带有风险的人为决定摒弃在外，智能化的高校教育管理能够最大限度实现公平和客观的管理，让高校的发展更加符合未来的需求。

第二，高校教育管理的精细化。高校精细化的教育管理更有助于其教育质量的提升，大数据的手段能够帮助高校建立信息库，快速分析学生学习的短板和弱点，另外，还可以积极帮助学生实现阅读书目管理以及个性化学习的指导，最终使高校教育管理更加人性化和精细化。

二、大数据背景下高校教育管理工作发展的途径

（一）提升信息技术掌握能力

大数据时代下的教育管理人员必须加强自身综合素质能力的提升，只有积极掌握先进的信息化技术，才能及时、科学地管理高校移动客户端，具体可以从三个方面入手：首先，积极树立大数据意识以及学习先进信息化技术的理念，运用先进的理念指导高校开展教育管理工作。其次，积极建立以信息化为主要学习内容，利用碎片时间完成学习任务的灵活机制，高校教育管理者要努力掌握电脑技术等，通过购买课程和集中培训学习等方式，充实教育管理团队力量。最后，不断完善考核工作机制。针对信息化技术人员开展定期考核，切实提高高校教育管理人员的专业技术管理技能。

（二）优化高校信息管理系统

高校不仅要加大高端技术人才的引进，更要加强高校信息管理系统智能化的研发力度，只有不断完成基础性的信息管理工作，才能彻底实现信息的整合以及信息化系统的体验，最终实现高校教育管理工作中人性化管理系统模式的构建。高校在完成智能化移动客户端管理应用程序时，设计和研发团队要广泛采纳高校广大师生的意见和建议，同时注重加强与其他高校之间的交流和学习，积极为高校创建先进的教育管理技术基础。

（三）重视高校网络信息安全

大数据时代通过对数据的整理、收集分析等为各项管理工作带来便捷的同时，也给相应的管理工作带来了不可回避的风险，因此，积极做好高校的网络信息安全工作是十分必要的。高校教育管理者要切实担当维护高校信息来源和存储安全的责任，这是一项义不容辞且任重道远的工作，其内容具体包括：高校教育管理者要做好信息维护、加强信息保护等高校网络信息预警工作，通过引进先进的管理手段，针对高校的校园网络进行完善和加强检查。利用高校各种宣传途径加强高校相关工作人员的网络信息安全意识的培养和教育，例如，开设高校大讲堂、讲座等措施，有效完善高校教师加强病毒检测

和密码保护的措施和方法。学校要积极成立信息安全管理部门，同时设立举报电话和举报部门，这样可以有效防止危害高校管理行为的发生。

总而言之，"大数据时代高校教育管理也要随之完成创新和变革，未来高校教育管理会向精细化和智能化方向发展，高校教育管理者要紧跟时代发展潮流，提升信息化管理技术，把握高校管理发展方向，最终通过高校积极为国家建设培养出更多优秀的人才"①。

---

① 刘瑞丽. 大数据时代高校教育管理的走向及实现路径 [J]. 环渤海经济瞭望，2020（5）：138.

第二章　大数据背景下高校教育管理及体系建设

第一节　高校教育管理的价值分析

一、高校教育管理的效率价值分析

效率是自然科学的概念随着社会科学向实证方向的发展，自然科学中的一些概念、术语被借用过来，效率也是由此进入社会研究领域，尤其是经济学中。效率主要分为三种不同的理解：①投入产出效率，指资源投入生产与产出之间的比率。②帕累托效率[①]，即资源配置效率，指社会资源的配置可以达到这样一种境界，任何一种资源的配置都不可能使一个人的福利增加而不使另一个人的福利减少。③社会整体效率，指社会生产对提高社会全体成员生活质量，促进社会发展的能力。效率成为价值范畴的根据就在于任何资源的供给在一定时期总是有限的，也就是经济学上所说的资源的"稀缺性"。由于稀缺性和机会成本的客观存在，人们才努力追求资源配置的效率，并把它作为行为选择的标准之一。一方面，效率不仅反映了人与自然的关系，而且反映了人与人的关系以及个人与社会的关系。换言之，效率是一个具有普遍意义的关系范畴。另一方面，效率体现了人类的理性特征，凝结着人类的理想，包含着人类处理矛盾的原则。因此，效率是一个基本价值范畴。

效率是衡量每个时代社会发展的标志。伴随着人类现代化发展进程，效率范畴成为社会科学和自然科学的中心术语，被广泛地应用于经济学、管理学、法学、行政学、体育学、教育学、伦理学和热机物理学等学科领域。如生产或经营效率、配置或分配效率、

---

① 帕累托效率，也称帕累托最优，是指资源分配的一种理想状态，假定固有的一群人和可分配的资源，从一种分配状态到另一种分配状态的变化中，在没有使任何人境况变坏的前提下，使得至少一个人变得更好，这就是帕累托改进或帕累托最优化。

工作或机械效率等。经济学将效率作为学科的核心范畴，对其进行深入系统的理论探讨。效率现象对人类的影响不仅仅是一种经济层面的，它对整个社会生活都产生了广泛而深远的影响。效率是为满足一定目的的人的实践活动所产生的收益价值与投入耗费比值的意义。人的活动效率从其意义上而言是一种价值关系，是人的活动内在属性的意义关系。

哲学上的效率价值伦理范畴，作为思维意识形态它是主观的，其涉及的对象内容则是客观的。换言之，作为高等教育管理的工具性价值之一，效率是高等教育管理的永恒追求。效率价值之所以如此重要，从经济学的角度而言，就是因为存在着资源的稀缺与人的需求的无限之间的矛盾。高等教育管理的任务就在于发挥高等教育组织系统自身的优势，整合高等教育组织系统内外的力量，运用和挖掘可支配的资源，不断满足人们日益增长的高等教育需求的多重需要。

（一）高等教育管理的效率

效率是管理本身所追求的基本目的，具有工具性价值。如果将效率置于社会发展的大背景下进行考察，效率就不只是一个管理学、经济学概念，它是一个和人类社会发展密切相关的基本概念。人类的自由、幸福和安康，是在控制人与社会和人与自然的关系的活动中实现的。因此，管理效率作为贡献性的工具性价值，它的指向仍应是管理目的性价值的人的自由、公正、幸福和发展。总而言之，高校教育管理的效率是指技术、发展、制度层面综合发展意义上的效率。

（二）高校教育的效能分析

就经济学视角而言，效能主要指组织的生产过程，即从"输入"到"输出"的过程。教育生产过程的因素包括：输入（投入教学内容与方式方法）、输出（考试分数）、产出（劳动力市场分布）。高校组织的"输入"涉及学生既定的特征和财政、物质投入。"产出"指学生达到学校教育的目的，即教育质量（人才培养质量）。学校转变过程可以理解为致力于学生知识、技能获得的要素，如教学方法、课程选择、组织结构与校园文化。高校效能是学校达到其预定目标的程度，高校效能是指学校的表现或绩效，高校绩效主要表现为"学校输出"，可以通过学生一定阶段的测验进行衡量。

就组织学理论而言，持有不同的组织观念就有不同的学校效能含义。有机系统的组织观认为，高校效能就是学校适应外部环境变化，保持学校健康发展的能力；人际关系的组织观认为，学校效能就是学校内部人员的满足感与人际关系和谐的状况；在科层体制组织观的认知中，学校效能就是学校维持结构稳定与持续发展的能力；在政治冲突组织观的认知中，学校效能就是学校内部满足外部重要群体需要的程度。组织学的观点偏重组织学角度，把学校视为一个教育组织，讨论维持学校效能的条件，提出学校适应的内在及外在条件，并长远地达成有关人员所追求目标的能力。高校的组织学习能力及组织变革能力应是学校效能的重要指标。

相比学生家庭背景和社会背景而言，学校对于学生成就几乎没有影响。

学校效能研究是以寻找或发现对学校的产出有积极影响的学校特征或其他因素为目的的研究。学校效能主要研究学校之间的差异，探求影响学校管理理论和实践效果的关键因素，从而促进学生的发展，使学校成为"有效学校"。相比其他学校而言，有效能的学校对于学生的产出具有附加的价值。附加值（增值）通常用于描述这一过程。此外，学校效能研究的一个主要目标是运用适当的模型来解释和说明"产出"因素，其主要目的是运用恰当的模型来获得有关"解释性"因素与"结果"因素之间关系的知识。学校效能研究主要是寻求有效的且可信的方法来测量和提高学校质量。

高校效能研究出现综合动向，既重视投入变量，又重视过程变量，并且在学校教育过程中区分了不同层面的变量因素，如学校教育投入变量、学校教育过程变量。过程变量包括学校之上的层面——学校生存与发展的背景因素；学校层面的因素——学校领导、学校文化、教师的合作等；课程（选修课制）与教学（学分制）层面的因素；课堂层面的因素——学生的有效学习时间、教学方式等有效课堂组织的因素。值得注意的是，学校效能还注重衡量学生成就的增值，采用了更为复杂的研究设计和技术分析方法，如多级统计技术方法，观察学校和班级各个层面，收集数据，这种"多级模型"（多层数学模型）是一种定量研究，主要运用统计技术，调查影响学生绩效的变量因素。

（三）基于社会学角度分析高校教育管理效率

1. 高校教育管理效率的维度分析

在社会学的角度下，高等教育的效率应从高等教育的目的达成和功能实现程度两个维度来考察。合目的性应该是考察高等教育效率的第一个基本维度要素；功能实现程度则主要体现在高等教育促进阶层流动和促进学生个性充分发展两个方面。

（1）合目的性（实质性）是考察高等教育效率的第一个基本维度要素。教育的目的就在于满足社会发展的需要和人自身发展的需要。对于高等教育而言，这两个方面更是缺一不可。高校不仅承担着培养高层次人才、传承与发展科学和文化创新的任务，还是现代社会进步的理论与思想策源地，是引导人类社会走向文明、理性、高尚、智慧的研究中心和创造中心。考察高校教育的效率，必须把"合目的性""合价值性"放在首位，必须在注重学生身心健康全面发展的基础上，去挖掘高校教育管理促进社会经济发展的价值。

（2）促进阶层流动是高校教育管理的基本社会功能。在促进社会流动的过程中，教育特别是高等教育发挥着越来越重要的作用。高等教育要树立促进阶层平等的"解放意识"，充分发挥其精英人才的选拔培养功能与社会代际的正常流动功能。

（3）促进学生个性和谐发展是高校教育管理的基本个体功能。教育的作用是使人社会化。社会化的产物是人的个性。社会化就是指将一个"自然人"转化为"社会人"的过程。高校教育促进学生个性发展的程度直接反映着其效率的高低。高等教育促进学生个性发展的功能发挥得越好越和谐，其效率就越高；高等教育不能很好地促进学生个性发展或抑制学生个性的充分发挥，其效率就越低。

2. 增加高校教育管理效率的路径

提高高等教育的功能效率，需要社会各部门的积极配合和多项相关机制的配套改革，就高等教育系统内部而言，应着重解决好以下几个方面：

（1）合理定位，进一步明确高等教育的培养目标。明确高等教育的目的是设置合理的高等教育培养目标的基础和前提。随着经济社会的不断发展，对高校教育的需求越来越大，同时也日趋多样化，因此，高等教育的培养目标也呈现出多元化特征。校园是一个学习的中心，探求真理和学问是高校的核心价值，应该把这些目的有机地整合起来，使教学、科研和促进经济发展、满足社会服务以及促进学生个性健康发展等功能相得益彰。总而言之，高等教育必须做到科学素养与人文精神并重，始终以促进经济社会发展、促进学生个体充分自由发展为根本旨趣。

（2）面向市场，调整高等教育结构。结构性矛盾是当前高校学生就业面临的最大障碍，也是最亟待解决的难题。解决高校学生结构性失业问题的一个根本举措，就是要面向社会和市场需求，灵活调整高等教育的结构。具体而言，包括两个层面：①宏观上调整高等教育的类型结构。②中观上调整高等教育的专业和学科结构。

（3）调整高等教育的课程结构。在高校的课程设置上，应增加应用性、操作性、技能性课程的比例，以使高校毕业生能更快地适应工作岗位的实际需要。要解决高校学生就业难题，还需要加强对学生的职业指导，如建立健全毕业生就业服务网络系统等。

（4）注重辅导，强化对高校学生的学习指导与促进，学生在学习过程中会遇到很多学习问题、学习困难，这些学习问题可能是学习目的、学习动机、学习兴趣、学习方法、学习能力、知识基础、学习习惯等方面的。为促进全体学生的进步，就必须要强化对高校学生的学习指导与促进。

（5）正确引导，加强对高校学生的心理健康教育。就高校而言，高校学生的健康成长要正确引导，加强对高校学生的心理健康教育。一方面，要营造高校学生健康发展的校园文化氛围，在日常教育教学中，要始终把"学生的发展"放在首位，科学素养与人文精神并重，寓德于教；另一方面，高校要加强对学生的心理咨询和辅导，建立起一套科学化、专业化、制度化和规范化的心理健康教育体系，形成广泛宣传、积极咨询、危机干预的高校学生心理健康教育机制。

（6）政策干预，完善高等教育弱势补偿机制，主要包含以下几个方面：

第一，招生政策倾斜。作为一项公共事业，高校教育必须始终把"公平"和"正义"作为基本的政策取向，对弱势地区和群体予以补偿，其中，高校教育的入学机会公平是最重要的问题。就我国的现实而言，要把教育的特别行政区从强势群体转向弱势群体，如对西部地区和农村地区对口招生或分配名额的做法，就是在这一问题上做出的有益尝试。

第二，积极发展农村高校教育。农村高校教育特指发生在农村地区（县镇及以下）的高校教育，调整高校布局，实现高校教育向农村地区延伸，对增加农民子女接受高校教育的机会意义重大。当然，要重新调整高校布局，把高校从城市迁往农村也是不现实的。结合我国的实际情况，教师可以采取一定措施，积极鼓励和引导新建和扩建的高校或者高校分部到农村地区发展。

二、高校教育管理的秩序价值分析

秩序是作为一个组织系统所必需的，在社会生活中，明显存在着一种秩序、一贯性和恒常性，如果不存在秩序、一贯性和恒常性的话，则任何人都不可能从事其事业，都不可能满足其最为基本的需求。没有秩序就没有组织系统的正常运转。高校教育管理作为一个组织系统，本身就有着对秩序的必然要求，因此，高校教育管理与秩序有着天然的联系，并把秩序作为高校教育管理最基本的价值追求。

（一）高校教育管理的秩序价值认知

就社会的意义而言，秩序是管理的最基本的价值。管理作为一种具有外在强制性的行为，秩序必然对其具有重要的意义。维护秩序是管理的最基本的价值诉求，也是高校教育管理的最基本的价值诉求。秩序这一术语将被用来描述高校教育制度的形式结构，特别是在履行人类的高校教育活动事务的任务时运用一般规则、标准和原则的法律倾向。

秩序是高校教育管理的根本价值。任何管理，就秩序意义而言，都要追求并保持一定的社会有序状态。所有秩序，无论是人们在生命伊始的混沌状态中所发现的，或是人们所要致力于促成的，都可以从法律引申出它们的名称。高校教育管理没有不为一定秩序服务的。在秩序问题上，不存在高校教育管理是否服务于秩序的问题，所存在的问题仅在于高校教育管理服务于谁的秩序、怎样的秩序。与法共同相互伴随的根本价值，便是社会秩序，这里的"法"是广泛意义上的，包括各种人类活动正式或非正式的制度，自然也包括高校教育管理的各种正式或非正式的制度。

秩序是高校教育管理的基本价值，但并不是高校教育管理的终极价值。除了秩序以外，高校教育管理追求的还有生存、安全、幸福、健康、公平、正义、自由、平等、人权、民主、文明、法治、发展等。秩序是高校教育管理的工具性价值，它与目的性价值共同引领着高校教育管理活动的健康运行。例如，秩序与自由就是一对对立统一的矛盾关系价值范畴，自由并不是无条件的自由，需要秩序的限制，即秩序是自由的保障条件。但秩序对自由的保障是根本，而秩序对自由的限制是手段。秩序与发展的关系亦是如此，发展如没有秩序做保证也就谈不上是可持续的良性发展。

由此可知，高校教育管理的秩序价值与高校教育管理的其他价值之间，秩序价值是其他价值的前提和基础，其他价值是秩序价值的目的和发展。高校教育管理的秩序价值是连接高校教育管理与高校教育管理其他价值的中介，高校教育管理的秩序价值是高校教育管理的基础价值。

（二）高校教育管理的学术秩序价值分析

1. 高校教学秩序

价值是主体与个体之间的一种特殊意义关系的反映，价值存在于主客体相互作用之中，是一种关系范畴。人作为价值主体，第一，是具有自觉的价值意识。第二，是具有能动的价值创造能力。第三，是具有多维的价值尺度。教学秩序的价值是教学秩序对人的一种具有积极意义的关系。教学秩序的价值是指教学主体（教师与学生）的一种具有积极意义的关系，高校教学秩序在教学过程中能够满足人的需要和利益的属性以及对人的生存和发展具有积极的意义。高校教学秩序作为教学的重要保障，在价值多元的背景下，教学秩序的价值趋同于它的育人价值，这是其根本所在。人在适应秩序的过程中，秩序也在不断地适应人的发展。

高校教学秩序作为一种特殊的社会秩序，围绕师生这个教学共同体而形成，始终是以"人"为中心，人们在关注教学秩序管理的同时，要关注"育人"的根本，这样教学秩序管理才能达到其根本的效果。教学秩序是围绕师生之间的教学活动动态形成的，逐渐由规则演变为一种教学状态。第一，教学秩序与规则关系紧密。第二，教学秩序总是表现为一种特定的状态。第三，教学秩序更多地通过教学过程中师生的互动行为体现出来。由此可知，教学秩序逐渐由规则演变为一种教学状态，随着研究的不断深入，教学秩序成为人们关注的一种合理化进程，高校课堂教学秩序是教学秩序的核心。

高校教学秩序是教学系统诸因素之间经不断协调、整合而形成的适宜状态。具体而言，教学秩序就是指在特定的教学环境下，教师和学生双方为了达成预期的教学目标，共同研究某一个具体的教学内容，并通过选择合适的教学方法、媒体及手段，进行双向建构、深入对话和有效合作而形成的一种使师生双方都能充分浸染其中的有序状态。教学秩序的合理性具体表现为合目的性与合规律性的统一，即"何种教学秩序是合理的""教学秩序怎样作用于学生才是合理的"，应体现工具合理性（工具理性）与价值合理性（价值理性）的统一、交往合理性（交往理性）与实践合理性（实践理性）的统一。

高校教学秩序的建立是为了教学实践，教学实践是为了学生的发展，那么教学秩序的最终目的应是促进学生的发展，即教学秩序合目的性中的发展性。教学秩序的合目的性主要是指教学秩序应当符合教学自身的价值取向和发展目标（发展价值），这种价值取向从教育的宏观层面上说应当服从社会发展和历史进步的价值导向，从个体层面上说应当有利于教学主体个体自由的提升，有利于个人真正全面的发展。教学目的是教学活动的预期结果和努力的方向。教学目的并不是教学本身，教学目的的根本所在是学生的发展（可持续的全面发展）。合规律性主要指教学秩序同客观教学生活的"理"（规律）是一致的，即教学生活及其法则对教学秩序具有制约作用。教学生活本身作为客观性的存在，同客观世界一样也具有以"普遍性的形式"存在的规律，即客观教学生活世界的"理"。高校教学秩序的规律性就是教学秩序符合教学规律，符合一定的规律是合理性之所以能够掌握真理、实现目的的原因。因此，教学秩序的合理性要先符合教学发展变化过程中的本质联系和必然趋势。教学秩序的合规律性与合目的性是有着密切的内在关联的，合规律性是基础、是条件；合目的性是目的、是归宿，二者是有机统一的。

2. 学术自由和学术秩序

学术自由与学术秩序是相辅相成的一对概念。学术自由是高校和高等教育的终极追求，是高校和高等教育的核心理念，而学术秩序是学术自由的根本保障，是实现学术自由目的的手段。学术自由的合理运用能够利己利人、利社会利国家，因而是一种有限度的自由、有规范的自由。学术自由的目标是发展学术，而为了获得学术自由，就必须遵守学术规范，制定良好的学术制度，进而形成良好的学术秩序，以此来从根本上保障学术自由。

另外，在利益和权力的多元化时代，高校制度和高校秩序的要素也是多元的。如果高校制度和高校秩序是动态的且向前发展的，则这些制度和秩序的要素应该是动态地相互制衡。在理想状态下，高校制度和秩序中的各种权力和利益在力量对比上虽有起伏，但总体应该是平衡的，其中学术权力和利益应该是占据优势的。

3. 基于现代高校制度的学术秩序

（1）现代高校制度与高校学术秩序。就领域而言，现代高校制度包括现代高校政治制度、现代高校经济制度、现代高校学术制度。高校学术秩序基本上是与现代高校学术制度相对应的概念。现代高校制度与现代高校秩序则完全是相对的一对概念。高校秩序可以分为高校政治秩序、高校经济秩序、高校学术秩序，高校学术秩序是与高校经济秩序、高校政治秩序相对的一个概念。如果把自由和秩序作为高校制度的两个相对的维度，则高校学术秩序与高校学术自由是一对完全对应的概念。

（2）现代高校制度与高校秩序。制度决定秩序，有何种制度才会有何种秩序，有"现代高校制度"才会形成现代的高校秩序和现代的高校学术秩序。同时，高校秩序及其学术秩序可以反作用于现代高校制度：①高校秩序和高校学术秩序的矛盾状态（问题）可以影响一定的高校制度，突破一定的高校制度，直至形成新的高校制度。②良好的高校秩序和高校学术秩序可以促进高校制度的建设和发展。一定的良好的高校秩序和高校学术秩序形成后，就会具有一定的惯性和稳定性，并成为一种独立的力量反作用于已有的高校制度，促进其发展。

（3）现代高校制度从纵向而言，由很多"条"组成，这些"条"和高校学术系统的"条"是交叉的。现代高校制度从横向看，又可以分为人事制度、教学制度、科研制度、后勤制度、学生管理制度等"块"，高校学术秩序就分布于这些"块"中，这些"块"又是纵向的"条"的组成部分。由此可见，现代高校制度和高校学术秩序分属于不同的"条块"中，二者都不能涵盖对方，二者的关系和相互作用比较复杂。高校应该把高校学术秩序作为一个独立的因素从高校系统中抽取出来，与现代高校制度放到一起进行研究。从逻辑上而言，高校学术秩序在现代高校制度中也具有重要的合法性。

第二节　高校教育课程与文化管理

一、高校教育课程管理

（一）高校教育课程管理的研究内容

1. 研究课题

高校教育课程管理的工作内容包括：关于课程标准的工作；关于课程编制的工作；关于课程实施的工作；关于整顿课程实施条件的工作；关于课程评价的工作。当前课程管理中亟待探讨的若干问题包括：课程管理基本体制研究；课程设计管理；课程实施管理和课程评价管理。课程管理应做好以下几点：建立健全课程管理体制，按可控系统建立课程管理模式；建立健全课程管理制度。课程管理的理论框架包括：课程的标准与编制；学校的教育计划与课程编制；教授、学习的系统化；设施、设备、教材、教具的管理；课外教育与课程；教育决策与评价。可见，课程管理研究主要集中于课程管理体制、过程和技术手段等领域。

2. 体制研究

高校教育课程管理模式包括统一计划型、分散管理型、板块型和蛋糕型四种，实行统一与分散结合的模式（体制）是我国课程管理体制的方向。我国的课程管理体制改革不能采取激进方式，在改革过程中，首先，要将课程管理权进行合理分解；其次，应采用并行和渐进策略，促使课程管理体制顺利过渡；最后，要吸取板块型和蛋糕型的各自优势，提高课程管理体制的科学化。

3. 过程研究

课程运行的管理包括组织力量，从课程环境调查研究的基础上进行规划决策，即确定课程目标、设计课程结构，选择教学内容等，在课程实施阶段，要通过组织、协调、控制等一系列手段，使课程资源得到充分有效的利用，以便取得最优的课程效果；通过对课程实施结果的评价，找出结果与目标之间的差距，对决策过程和实施过程进行修改、校正，使课程系统最大限度地接近课程目标。

4. 研究状态

课程管理体制研究是课程管理研究的关键所在，研究课程管理体制必然要研究课程管理机构设置、权力归属、人员配备；各机构如何对课程实施进行调控，使用何种手段，遵循何种规章制度去实现教育和国家的目的，因此，课程管理体制的研究为研究课程管理提供了完整的实际框架。

高校课程管理体制是高校课程管理机构和课程管理规范的统一体，它是整个教育管理体制的一部分，包括课程的行政体制和高校内部管理体制。课程管理体制主要涉及的是课程行政和校内课程管理机构的设置、职责权限的划分及其制度。高校教育课程管理体制本是静态的，它对具体课程管理活动的影响通过课程管理机制进行。课程管理机制指课程管理的各级机构、人员与课程的关系和运转方式。课程管理体制各部分的存在必然要求解决如何协调各个部分之间的关系和如何管理课程的问题，即机制问题，而协调各个部分之间的关系是一种具体的运作方式，体现于课程管理活动之中。因此，为了更好地说明课程管理体制的运行，可以在课程管理体制的论述中加入课程管理活动的内容。

（二）高校教育课程管理体制的改革创新

高校教育课程管理就内部机构设置而言，学校、教务处、院系三级机构比较合理，这三级机构主要是行政管理机构，作为完善的校内课程管理体制还应该设立负责审议、咨询或决策的专业性机构和团体，后者在我国高校内部的课程管理体制中是相对缺乏的，需要建设的是校内课程管理的监督、审议机构。目前的高校学术委员会虽对专业的设置具有审核的权力，但难以承担起对课程的监督职责，应该在高校学术委员会之下设立各专业的教学委员会，结合院系的学术委员会和教研室，吸收更多的专业教师对课程的开发和实施一系列过程进行评议、调节和建议。

高校必须对课程实施主动的管理。作为领导层的校级和教务处主要的任务是做好课程的决策和对院系级课程方案实施的审批、监督、规划职责，应将具体的课程内容、专业科目设置、学时安排等课程事项交给院、系、教师处理，既然院系是校内专业思想和专业知识的汇集之处，那么就应该允许它们有更多的决策权。就某种程度而言，这一逻辑也表明院系中的专业教师和专业管理人员由于具有专业知识并与周围环境和学生有着直接关系，因此，应该拥有对具体课程事项的更大影响力，即教师在决定教哪些知识，怎样教和教给哪些学生方面具有更大的自主权。

总而言之，高校课程管理体制应该调整课程决定的权力结构，赋予高校教师更多的课程自主权力和责任。所有的课程计划或开发都应给教师充分的参与机会，从课程的最初计划到最后课程的产出的整个过程，教师是参与的伙伴，教师的观点、建议应得到妥善采纳和处理，并在课程中体现出来。行政人员要鼓励教师控制教学过程，即在高校课程的编制、实施和评估反馈的循环中，扩大教师专业能力对课程的管理。高校课程管理还有一个不可忽视的群体——学生，学生在课程等学术性事务中不占主导地位，但对课程的形式，时间安排和某些课程的设置有一定的影响，学生也是课程评价反馈的重要力量。因此，应给学生更多的专业和课程的选择权，实行比较完全的学分制，使课程形式更加灵活，以适应和满足不同学生的需求。与此同时，应通过教务处、院系积极吸取学生对课程的要求、评价等反馈意见，使课程得以更好地改进。

二、高校教育文化管理

文化，这是一种历久的精神创造活动及其成果。对于一个民族而言，文化是民族之根；对于一个国家而言，文化是国家之魂。"在新时代背景下，受现代信息技术发展的影响，越来越多不同的文化和价值观逐渐融入高校学生日常生活中"[①]，纵观学校发展的历史，正经历着从经验管理、制度管理（科学管理）向文化管理转型的历程。学校文化管理是一种新型的更高级的管理形态，是学校经验管理、制度管理（科学管理）的总结和升华，是管理内容的回归，是与知识经济时代相适应的学校新的管理方式。作为学校管理者，构建校园文化，积极推进学校文化管理具有极其重要而深远的意义。

（一）文化管理的特点

第一，管理的中心是人。从科学管理以物为中心转变为文化管理以人为中心，人既是管理的出发点，又是管理的落脚点。尊重人、关心人、培养人、激励人、开发人的潜力，是文化管理的关键。

第二，管理的人性假设前提是"善"。科学管理把人看作"经济人"，以"性恶论"为哲学依据；文化管理把人看作"自我实现的人"和"观念人"，以"性善论"为哲学基础。

第三，控制方法追求主动。科学管理以外部控制为主，重奖重罚是主要手段；文化管理中心内置，依靠人文关怀等激励手段调动、激活行为主体的内在需求和动力，追求主动发展。

第四，领导者类型为育才型。在科学管理中，领导者与乐队指挥类似，属于指挥型领导；在文化管理中，领导者既是导师又是朋友，属于育才型领导。

第五，管理重点为文治。科学管理直接管理人的行为，职工的一言一行都有制度约束，是典型的法治；文化管理通过管理人的思想（信念和价值观），间接影响人的行为，是一种新的管理方式——文治，即以文化来治理。

第六，激励方式以内化为主。科学管理以外塑为主，依赖于工作的外部条件；文化管理以内在激励为主，着重满足职工的自尊和自我价值实现的需要，依赖于工作本身的魅力。

第七，组织形式具有开放性。在科学管理中，权力结构明确，是"金字塔形"组织；在文化管理中，权力结构模糊，管理者与被管理者更为平等，是平等沟通、自我学习的学习型组织。

第八，管理特色具有人情味。科学管理的特色是纯理性管理，排斥感情因素；文化管理的特色是将理性与非理性相结合，是有人情味的管理。

第九，管理手段具备"软"特征。科学管理是依靠强制性的制度和物质手段的投入；

[①]　王调江.大数据平台建设对高校思想政治教育管理体系的作用研究［J］.创新创业理论研究与实践，2021，4（24）：155.

文化管理依靠思想交流、价值观的认同、感情的互动和风气的熏陶，即依靠非强制性和非物质性手段的投入。管理由硬管理为主走向软硬结合，以软管理为主。

第十，管理者和被管理者的关系改变为同伴互助。科学管理强调了上级与下级之间的关系，管理者靠制度约束人；文化管理中管理者和被管理者是为了共同的目标而携手并进的，是合作伙伴关系。

（二）高校教育文化管理的特征和影响

1. 高校教育文化管理的特征

高校既是文化发展的重要成果，又是文化建设的重要载体。作为知识的集散地和思潮的发源地，高校理应成为社会文化的风向标和引领者。在推动社会文化发展繁荣的进程中，高校一方面要加强自身的文化建设；另一方面要承担文化传承创新、文化辐射引领和文化服务支撑的重要使命。突出"以文化人"的教化性，这是高校文化区别于其他文化形态的重要特质；注重主流价值的导向性，这是建设高校文化的必然要求；建设各具特色的高校文化，这是各个高校张扬个性，增强文化发展生命力的关键所在。高校教育文化管理特征的具体内容如下：

（1）育人性特征。高校以人才培养为天职，大学文化必须始终围绕"育人"这一中心任务展开。高校"以文化人"，即通过文化潜移默化地感染人、熏陶人、教化人，从而达到情感陶冶、思想感化、价值认同、行为养成的功效。教育的目的是促进人的全面发展，高校文化育人的过程实际上就是塑造健全人格、开发智力潜能、丰富生命内涵，使受教育者得到自由、全面、完整发展的过程。

（2）独特性特征。有个性才有魅力，只有特色鲜明的大学文化才是有生命力的文化。虽然高校精神具有探索真理、崇尚学术、传承文化等共性追求，但由于各个高校文化传统、类型风格各异，社会对高校的需求多样化，因此，必须建设和发展各具个性的高校文化，营造不同类型、不同层次、不同风格的高校文化形态，形成异彩纷呈、和谐互补的整体大学文化格局。

2. 高校教育文化管理的影响

高校要在竞争中处于优势地位，必须具备某种核心能力，充分发挥文化传承创新功能、文化辐射引领功能和文化服务支撑功能。文化对学校和人的发展存在的影响可以从深、广、远、忧四种状况来理解，高校教育文化管理影响的具体内容包含以下几个方面：

（1）深：学校文化管理是一种内隐的、深层次的、无形的力量，这种力量决定着学校的改革、发展和成败。文化是根、是魂、是格、是力。学校文化具有导向功能、提升功能、凝聚功能、激励功能和稳定功能，为学校的发展带来动力。

（2）广：文化无处不存在、无人不显示、无事不体现，弥漫在整个学校的全部生活之中，甚至影响到社区文化和城市文化。

（3）远：与生俱在、与校共存、与人同享，学生时代经历先进学校文化的熏陶会一辈子受用不尽。

（4）忧：先进高校文化建设是学校优质发展的根本，高校的不同追求、不同理想、不同价值取向以及由此形成的不同管理风格、工作方式和生活方式，才是一所高校与其他学校的根本区别。高校文化的内部功能主要表现为教化育人，高校文化的外部功能则包括文化的传承与创新、传播与辐射、示范与引领、服务与支撑诸多方面。

（三）高校教育文化管理的方法

学校文化与制度管理是有机统一、互为补充的，做管理工作最终的落脚点是人的思想问题，严格管理的规范的制度能否落实到位，取决于人的思想高度和认识程度。学校文化必将为制度管理提供一个人文环境。换言之，文化与制度的关系，如同道德与法律，学校文化是学校制度的有益补充，两者相互统一。高校教育文化管理的方法，具体内容如下：

1. 以高校思想文化凝聚人

高校思想文化是指学校在长期办学过程中形成的一种学校意识和文化观念，它是一种深层次的校园文化，是校园文化的灵魂，主要体现在班风、校风的建设上。班风、校风渗透表现在校园内多种文化载体及其行为主体的身上，让人时时处处切实感受到它独特的感染力、凝聚力、震撼力，自然而然地感悟它对心灵的净化和情感的熏陶。高校思想文化是校园的内隐文化，是校园文化的深层内涵，是在长期的校园物质文化、校园制度文化和校园行为文化的建设过程中积淀、整合、提炼出来的，用来反映学校广大师生员工共同的理想目标、文化传统、学术风范和行为准则的价值观念体系，难以用文字、符号表达出来。校园思想文化是一所学校整体面貌、水平、特色、凝聚力、感召力和生命力的体现。

高校思想文化作为一种强大的教育力量，对广大师生的健康成长有着巨大的影响包括：①导向功能，即指导个人正确认识和处理个人与学校组织的关系，把个人行为引导到学校组织目标上来，使他们向着学校期望的方向发展。②凝聚功能，即思想文化起着心灵黏合剂的作用，它把各个方面、各个层次的人都聚合到一起，使师生员工对学校产生一种使命感、自豪感、归属感，形成强烈的向心力、凝聚力和群体意识。③激励功能，即思想文化往往能产生一种激励机制，激起校园人的积极性、主动性与创造性，使学校成员保持高昂的情绪和奋进精神，获得各种精神需求的满足。④控制功能，即思想文化具有强大的心理制约力量，使校园人接受必要的约束，使个体行为符合共同的准则。⑤辐射功能，即校园思想文化以其独特的方式，在对师生教育、影响的同时，也对周边及社会产生影响。学校文化与制度管理具体包括校长文化管理、教师文化管理、学生文化管理、物质文化管理和精神文化管理五个方面。

2. 以高校物质文化陶冶人

高校物质文化是校园的外显文化，是以某种文字符号为载体，将校园精神显现于校园的各种标识物之中，如校服、校歌、雕塑、校刊校报、学校建筑、艺术节、文化墙、名言警句等，它们都是校园思想文化建设的前提和条件，是思想文化、制度文化赖以生存发展的基础和载体，有利于陶冶师生的情操。优美的校园环境有着春风化雨，润物无声的作用，如诗如画的校园风光，干净整洁的校园环境，美观科学的教室布置，文明健康的文化教育设施等，无不给学生以巨大的精神力量；学生在优美的校园环境中受到感染和熏陶，触景生情，因美生爱，从而激发学生爱学校、爱教师、爱同学、爱家乡、爱祖国的高尚情操，所有这些都有利于学生正确的世界观、人生观、价值观的形成。

3. 以高校制度文化规范人

高校制度文化是指校园人在交往过程中缔结的社会关系以及用于调控这些关系的规范体系，是校园一切活动的准则，它包括相关的法律法规、学校管理体制及其规章制度、组织机构及其运行机制、特定的行为规范等。校园制度文化从根本上决定着校园的正常运行和创新发展，是校园思想文化建设的保证。建立和健全高校规章制度，塑造良好的校园制度文化，是校园文化建设的重要内容，也是提高学校有效执行力的重要保障。制度文化以其导向性与规范性、稳定性与发展性、科学性与教育性的特征彰显校园文化。

第三节　大数据背景下高校教育管理的工作路径

一、大数据背景下高校教育管理的工作项目

（一）师资管理项目

在高校教育管理中，如果所有教师能力都可以得到有效发挥，方可认为当前的高校管理工作具有可靠性、科学性与专业性。教师群体数量和质量方面的需求，日常教学和生活中所产生的资金需求，这两个管理型的工作项目缺一不可。因此，必须全面恪守新

时代的教育工作内容和工作模式，了解在实际教育过程中可能存在的师资利用方面的工作缺陷，在此基础上对其进行优化。

（二）成果管理项目

针对高校教育管理工作落实过程，必须要全面分析管理工作及教育工作成果，只有在所有成果具有良好的科学性、可靠性与完善性时，方可认为当前所建立的新型管理工作制度和相关工作方法具有专业性。针对成果的管理阶段，要预测和分析今后一段时间内所取得的行业工作素养和工作准则，只有确定最终所取得的工作结果和设定的工作标准完全相同时，才可认为所建立的管理工作制度科学有效。

（三）资源管理项目

资源管理不仅包括教师和资金方面的管理，也包括对学生群体的管理。学生群体作为重要的资源库，一方面，可直接通过与学生交流，分析学生是否认同当前高校采用的师资管理模式；另一方面，可以通过学生直接反馈教师在个人能力、个人思想以及教育资源提供等方面的情况，为后续师资管理工作的提升奠定基础。

二、大数据背景下高校教育管理方法与路径

（一）大数据背景下高校教育管理方法

1. 信息取得法

大数据时代，可利用信息技术获取所需的专业化数据。例如，针对师资力量的教育数据，在当前教师成员的配置中，将所有教师的工作表现和工作内容等信息和数据都纳入专业化管理工作中，重点关注教师与学生的交流、学生立德树人的体现以及课程知识的讲解方面。一方面，可以让教师通过设置相关习题，针对学生的反馈结果，了解当前取得的教育成果；另一方面，可以通过学生填写调查问卷的方式，直接反映教师在当前工作中存在的问题，精准有效地分析教师存在的不足，为师资的优化调整工作奠定了基础。

2. 方案监管法

在方案监管过程中，必须了解当前教育管理过程中相关资源的使用效果，并科学分析取得的教学质量和效果。例如，在师资管理过程中，借助大数据技术平台，从所有的学生群体以及教师群体内部获得各类反馈性的数据和信息，并将这类结果纳入后续的专业化分析中，针对每个教师的工作能力、道德水准以及工作绩效建立评价模型。针对道德水准而言，将原有的辅助性管理信息转变为核心监管信息，利用大数据技术分析高校自身和学生群体所反馈的相关数据。监督教师群体能否在一段时间内，从根本上做到针对个人思想方面的调整和优化，对我国的具体教育工作和科研工作产生认同感与使命感，

以提升教师的工作能力、道德水准，提高教育管理工作质量。

3. 体系构造法

在体系的构造过程中，应建立专业的循环式管理工作机制（PDCA），该机制根据教育工作体系的相关要求，建立一套独占性的专业管理工作机制，并将该项机制在全校范围内进行推广，通过大数据技术，从教师群体和学生群体内了解该体系的构造结果，同时以专业数学模型的形式做出评价。当两个体系之间的实际工作参数和预期值之间完全契合才可以继续推行，如果发现两者之间在数据上存在明显偏差时，需要进一步完善和调整当前方案，进而真正建立有效的循环管理工作机制。此外，在监管过程中也要全面分析教师和学生反馈的信息能否得到及时有效处理，以更好地解决当前教育管理过程中存在的问题。

4. 工作践行法

高校要依托大数据技术建立数据反馈信息平台，使所有学生在登录校园网客户端时，可以直接选择以匿名或者实名的方式，向学校说明教师在授课过程中存在的问题，高校针对相关教师的教学行为展开调查并在校园网平台公示处理结果，做好信息的即时反馈。如果某学生实名举报，则直接以站内信的形式将反馈结果提供给学生，同时该学生被默认为相关教师后续教育时间内的监管者，在一学期课程结束后，以调查问卷的形式，询问该学生对于教师的新看法，以了解新的教育管理工作能否取得良好的教育成果。

（二）大数据背景下高校教育管理路径

1. 制订灵活有序的高校教学管理计划

（1）教学管理计划应该满足灵活性。学生要找到适合自己发展潜力的模式，学校要尽可能提供不同种类的模式。在信息技术大范围推广应用的进程中，远程高等教育得到了长足发展，任何科目、任何内容，学生都可以借助网络进行学习，不限于时间和空间；安排教学时，需要充分合理地应用好信息技术，让学生拥有一个充分选择的空间，也要针对不同学生的不同特点设计符合其个性的教学过程，应该将学生培养成这样的人才，整体素质高，基础扎实，专业能力也不差，注重知识的全面发展，能借助网络拓宽眼界丰富知识面，拥有终身学习与可持续发展的能力，但必须承认大学生的各种类型的要求不可能有一个统一的标准，教师要鼓励自由发展。

（2）制订教学管理计划的一般程序。社会更广泛的调查，经济和信息技术应用的人才技术发展的需求，对培养目标和业务类示范专业分析；了解有关文件精神和规定的注册研究；提出的意见和部门的学校教学计划的要求；（所）主持制定教学纲领，系（院）教学委员会进行审议，由学校教学工作委员会复审核查，核查签字后由执行校长签字确认。

高校教学管理计划的内容，主要包括两个方面：确立合理的专业培养目标和设置合适的课程。因为专业培养目标的质量标准、课程的设置与人才的发展息息相关。

在专业设置和专业培训目标的确立上，主要应用了调查的方法。调查的基本步骤包括：①凭借履历或理论分析提出若干备用的选项。②发放调查问卷，让被调查者在备用的选项中选择自己的意见或建议。③对调查结果进行统计分析，按照被选择次数的多少对各个选项进行由多到少排序。在整个过程中，要充分利用信息技术，借助网络收集信息，收集完后可以借助计算机对调查信息进行统计分析，得出结果。

需要注意的是：①要进行可靠的预测，对毕业生的就业情况有一定把握，毕业生只有满足社会的要求，高校才能有较高的就业率。②引入更多的优秀教师，完备实验仪器和必要的书籍，生活设施也应该尽量完善。③要有尽可能宽的口径，形成宽口径专业教育模式，高校教师要重点训练学生的综合素质。④要有学校自身的特点，学科建设要结合学校的地域优势和传统优势学科。⑤考虑到专业的冷热门问题，并及时调整，满足需求。

大数据时代下，高校要实施教育教学管理路径，应保持相对稳定和严格地执行教学计划。为此可以制定两方面的准则：一方面，通过注册表或系统执行制备的一年，将其分为学期教学计划和年度教学计划，制定工作表，安排好每个学期的教学任务、教学教室等；另一方面，由相关部门制订教学组织计划，如社会实践计划、实习计划、实验教学计划、培训计划等。要制定适当的政策和环境以及保证教学基础设施，还有教育管理和教师、学生相配合，这分别是教学计划顺利实施的内外部条件。

"在管理当中更多应用大数据技术，发挥其作用促进高校管理水平的提升，结合高校教学管理实际进行信息化管理创新，切实满足高校的教育管理需求。"[①] 在这个过程中要把握五个方面：①要切实维护教学计划的严肃性和权威性，严格遵守教学计划，可以适当调整。②在具体的实施过程中，严格选择计划材料，遵照教学大纲的要求。③加强教师群体的力量，确保教学第一线与教学计划一致。④制订教学质量评价方案并严格监测执行，可以借助信息技术建立自动的监测和反馈系统。⑤教学组织与管理要严格按照教学计划进行。

2. 转变学生的培养方式和管理模式

大数据时代要求人才具有更高的素质，改革人才的教育方式和管理模式是必要的。信息技术为这项改革提供了条件，数字媒体教育的弹性，使每一个人都能找到适合自己的学习方法，同时，它也使每一个有抱负的教育家梦想成真，在未来的学习环境中，每个学习者是特殊的。大数据环境下改革学生的培养方式主要体现在以下三个方面：

① 邓薇. 大数据时代下高校管理信息化创新发展路径研究 [J]. 佳木斯职业学院学报，2021, 37 (10): 132.

（1）在教学中促进"参与式"教学法。该教学法主要以提问式教学活动、开放性内容为特征，问题无标准答案，作业、论文也很少甚至没有，能带给学生自由思考的充足时间和空间。利用网络技术和计算机技术收集相关信息来解答问题，通过对问题的解答完成知识学习与内化。在这样一个学习实践活动当中，学生不单单掌握了借助网络解答各种问题的能力，而且最后学会了与"问题"有关的知识。同时，针对不同的学生，基础和综合研究推广，深层次的学习和培训，因材施教，针对学生自身的特点确立恰当培育目标，设置严谨学习规划，尽可能让每一个人都能得到很好的发展。

（2）努力培养学生的社会实践能力，加强实践教学。在资源不足的情况下，教师可以利用计算机和网络，编制软件，这个软件具有虚拟实验室的功能，学生可以模拟操作。如利用计算机软件在虚拟实验室中解剖青蛙（数码青蛙）等。虚拟实验室的优点是成本低，而且实验失败，方便重来，学生可以反复练习，直到熟练掌握；也可以模拟实验现场肉眼不可见或实验过程危险或实验环境确实难以建立的情况，来尽量满足实验的要求。

（3）鼓励学生跨学科学习，培养全面型人才。当今社会，随着信息技术的发展，新的学科不断涌现，这些学科大部分是由学科交叉形成的。建立交叉学科培养机制，培养学生跨学科背景。在基础学科和谐的高校中，要创建跨学科教学的培养机制，可以借鉴国外成功的跨学科教学的经验。具体实现过程如下，以培养计划为基础，为学生选定必修课程，这些课程是跨学科的，包括理学、文学、工学等多个领域，以便对学生的综合分析力进行有效锻炼，培育学生创新思维与创造力。要提供多种专业、多类课程、多个教师让学生选择，这样学生就能根据个人兴趣制定自己的培养目标，进行自主学习。让学生跨部门、跨专业、跨班级。高校应完善相关课程，抓住交叉的学科的新增长点，组织多学科的力量开展教学，配备必要的教师，形成跨学科的教学模式，激发创新意识，促使学生应用到探究新领域中，全面发展自己。

总而言之，在当今大数据环境下，对学生的管理，教师更加提倡注重学生个性化的模式。教师管理系统以学生为中心，学生为主导，教师为辅助，建立学生服务中心。具体操作包括：①建立心理咨询、急救救援、工作研究、学习指导机制，建立相应的社区管理部门。②以学生宿舍为基础，取消班级，由适当数量的学生与教师形成一个整体。③由研究生或高年级优秀学生协助管理，为学生提供指导，这种管理模式可以实现学生的自我教育、管理、服务，能够让学生的综合素质得到有效发展和锻炼，帮助学生积极发展。

3. 提高对教育管理人员的素质要求

知识密集、高新技术、人才聚集、思维活跃、信息渠道十分畅通，这些都是高校的特点。随着信息技术的快速发展，所有的教育管理人员的素养也有待提高。各教育管理人员应该做到：

（1）树立强烈的服务意识。管理的本质就是服务。教育管理人员不能把自己作为有权力的管理者，而应该作为一个服务者，服务学生，服务教师，服务教学，进而服务于崇高的教育事业

（2）掌握教育理论和专业知识。身为做教育工作的人，教育的科学及其规律是基础，一些专业的知识必须掌握，如教育学、教育心理学、管理学和大学教育学等，如此才能让科学教育和教育管理得以实现。高校的管理人员要具备充足的理论知识，同时对高等教育的改革理论适时掌握，必须具备相关专业知识。进行教育管理工作，是对学校现在的一切资源实现有效而科学的管理，同时包括现代的计算机方面有关管理的方法和档案的知识，知识结构复杂，将面临教育管理工作操作的复杂性。

（3）掌握现代信息技术，具有良好的信息素养。高校随着现代信息技术的迅速发展必须随之掌握不断更新的技术，这样不仅需要管理效率的提高，而且还需要教育管理人员素质的相应提高，教育管理人员不仅得拥有极好的信息素养，还要会顺利使用现代的信息技术。信息素养是由信息知识、信息意识和信息伦理组成的。

（4）管理能力强，这主要体现在：①组织决策能力要比较强。当今社会，教育体制改革在不断加强，只有教育管理者具有较强的组织决策能力，才能制订教学计划，制定切实可行的政策措施，对整个教学过程进行加工，并结合学校自身的优势做出科学合理的决策。②教育科研能力要强。查找资料，深入研究，准确把握各大高校特别是精英院校的教学情况。③教育管理是一门科学，实施教育管理和教学研究，是教育管理的共同任务。④要勇于创新，敢于开放，培养良好的集体合作能力。教育管理应该与时俱进，而不是一成不变的。

总而言之，大数据技术在高校教育管理工作中的应用主要包括信息的获取问题、数据的分析问题、资源的整合问题等。在新时代的高校教育管理工作中，要依靠大数据技术，科学获取、归纳并处理学校内的教育管理工作信息，提升教师的工作能力、道德水准，提高管理工作质量和效果。

第四节　大数据背景下高校教育资源管理体系建设

一、大数据背景下高校教育资源管理体系的优化建设方法

判断高校教育资源管理水平的高低主要从教育资源的配置和利用这两个方面进行观

察。可以理解为在保证学生质量的前提下，能够实现相同质量的教育成果，消耗少量的教育资源或者消耗一样的教育资源，能够取得最大的教育成果。"随着社会的不断进步和发展，培养创新型人才已成为当前高校人才培养的共识，为了促进这一人才培养目标的有效达成，高校必须要将创新教育理念引入教育管理中，并在此基础上积极探索出更为高效的教育管理模式和体系，提升教育管理水平，促进学生创新能力的发展。"[①] 高校的教育资源属于稀缺资源，但是高校还有很明显的需求，因此，如何将有限的资源进行合理的配置成了高校现阶段所面临的问题。高校教育资源管理体系建设的主要对策包含以下方面：

（一）合理配置高校人力资源

高校教育中的人力资源是师资力量，针对上述问题高校应该优化人力资源的配置和提高人力资源的利用率。

第一，学校应该在内部确定符合国家要求的人力资源配置比例，再根据每个岗位所需要的人员数量和岗位性质来分配专任教师和非教职人员，让两者能够进行合理组合。同时还要加强人事的制度，应该从专任教师的质量抓起，面向社会广泛招收人才。

第二，学校中各个院系应该实现资源上的共享，像专业知识上涉及的共同知识可以不分院系，学科之间做到教师共享，使学校内部的资源得到整理和优化。

第三，将从事不同性质的教职人员分离，如教学人员和科研人员，将两种教师划分，并区别对待，教学人员应该专职负责教育，科研人员应该专职负责科研。

（二）建构财力资源管理制度

高校的人力资源、物力资源等都建立在财力资源的基础之上，只有财力资源能够得到保障那么才能实现其他资源的落实。财力资源主要指的是教育经费，而这些经费都在高校的财务部门管辖范围内，所以，如果想要优化财力资源的配置和利用就要建立完善的管理制度。

第一，应该建立一个透明的资金管理制度，让高校内的教职工都能够了解教育资金的使用方向，这样既能实现教育资金在各项目上的合理配置和利用，又能对教育资金的流向进行有效的监控。

第二，应该加强财务监管的力度，学校的内部审计工作一直在财务监管中起重要的作用，所以在教育资源的配置和利用过程中，审计工作应该一直都起到监管的作用。同时还应该加强学校的报账程序，将报账的要求明确规范到实际的应用中，这样才能避免

---

① 张洁．试论创新教育理念下的高校教育管理［J］．山西青年，2022（9）：180．

教育经费的流失。

第三，需要调整资金的分配比例，投入行政人员和管理人员身上的资金应该较少，将更多的教育经费投入学校的教学和科研任务上。

（三）明确物力资源配置和利用的机制

一方面，在高校扩建规模上应该注意基础设施建设问题，避免出现重复建设的问题。将高校中闲置的资源进行调整，如学校的实验室 A 中缺少课桌，但是学校的实验室 B 一直都没有投入使用，这时就可以将课桌调到实验 A，让现有的闲置资源能够得到更好的利用。另一方面，应该注意闲置资源的管理，不要出现物力资源闲置后无人问津、无人维修、无人回收的现象。相同种类的资源能共同运用应一同使用，避免出现二次浪费的现象。只有将闲置的资源都充分的配置和利用起来才能提高教育局资源的管理水平。

二、大数据背景下高校数字教育资源管理的体系

数字教育资源是信息化时代教育发展的产物，是信息技术与传统课堂教学的有机融合，是提升教育信息化的关键要素。从资产管理的角度来看，无形资产是指由政府会计主体控制的没有实物形态的可辨认非货币性资产，如专利权、商标权、著作权、非专利技术等。高校的网络教学课程、电子图书数据库、软件等数字教育资源都属于无形资产，由于数字教育资源的无形资产属性，致使高校普遍存在重建设轻管理的现象。数字教育资源的有效管理是促进数字教育资源发挥最大化效益的基础保障，因此，高校数字教育资源亟须通过健全管理体系及管理制度等方式，实现管理路径的优化。大数据背景下的高校数字教育资源管理的体系具体内容如下：

（一）数字教育资源的分类

数字教育资源，又称数字化教学资源、数字化教育资源、教育信息资源等，学术界尚未形成统一明确的概念界定。相对于传统的教育资源，数字教育资源是指为实现教育教学目的而专门设计与开发，经过数字化处理并能在信息化环境中运行，服务于教育教学活动的资源集合。根据来源差异，数字教育资源大致可分为以下几个方面：

第一，独立自主研发。高校依托自身优势，鼓励校内教师自主开发数字教育资源。例如，部分高校教务部门出台相关政策，支持教师参与在线开放课程建设，独立自主研发方式的优势在于能广泛调动全体教师参与到教育资源开发中来。

第二，面向市场购置。有需求就有市场。随着高校对高质量数字教育资源需求的不断增加，主动面向市场购置优质数字教育资源，能够提高高校数字教育资源配置的质量及效益。高校使用各类资金购置的数字教育资源，根据有效期限的不同可以分为：①明

确有效时间，有效时间结束后继续使用需要再次购置；②只需购置一次便可终身免费使用。根据权属范围也可以将其分为两个方面：一方面，仅享有数字教育资源的使用权，并具有该数字教育资源的所属权，如高校购置的中文期刊数据库、外文期刊数据库等；另一方面，在购置合同中明确享有各种权利。

第三，政府无偿供给。政府无偿供给是目前数字教育资源供给的主要模式，即由相关部门主导，面向全国师生提供优质的数字教育资源。数字教育资源的建设水平是决定我国教育信息化水平的关键因素，因此，必须充分发挥相关部门的引领作用，积极开发优质数字教育资源，扩大数字教育资源供给范围。政府无偿供给是优质数字教育资源持续供应的基础保障，为充分发挥政府在数字教育资源供给方面的保障作用，要从丰富数字资源形式和获取途径等角度出发，整合紧缺的数字资源，为教育事业发展提供资源保障。由教育部科技司负责指导的国家数字教育资源公共服务体系网在北京设立，为国家体系内数字教育资源的建设者、应用者和服务者提供了更加便捷的沟通交流平台，其建设目标是促进优质数字教育资源的汇聚与共享，推动教育信息技术与教育教学的深度融合。

第四，委托第三方开发。通过购买服务的方式委托第三方开发数字教育资源也是高校建设优质数字教育资源的重要方式，其主要原因包括：①单纯依靠高校力量难以持续供给优质的数字教育资源。②随着数字教育资源供给面和供给数量的不断增加，引入市场机制能够有效提高数字教育资源的配置质量和数量。③国家在政策上鼓励企业投入教育信息化建设中，在发挥政府和市场双方作用的同时，可以充分依靠相关企业技术及专业化服务的优势。

（二）加强高校数字教育资源管理的重要性

1. 落实国家数字教育资源管理政策的要求

近年来，国家愈加重视数字教育资源管理，要求高校必须加快信息化时代教育变革，建设智慧校园，统筹教学、管理与服务一体化的智能平台，利用现代化科学技术手段推动高校人才培养的改革。与此同时，必须制定符合数字教育资源特点的管理办法和实施细则，规范数字教育资源配置、登记、处置、共建共享机制，建立利益分配体制机制，制定知识产权保护的相关规章制度和数字教育资源监管制度，加快建成现代化的数字教育资源管理与监督体系，推进高等教育管理更加精细化和科学化。

2. 适应高校数字教育资源快速发展的选择

随着大数据技术的广泛运用，高校数字教育资源无论是类型还是体量都急剧增加，面对海量的数字教育资源，师生往往陷入选择焦虑。学校作为数字教育资源的供给方，应该提高数字教育资源的有效供给，针对不同用户群体，提供适合其个性化需求的数字教育资源。高校应结合自身特点强化数字教育资源建设管理，方法包括：①建立统筹全校的数字教育资源建设管理机构。②制定数字教育资源建设标准。③适当控制数字教育资源建设的速度及数量。

（三）高校数字教育资源管理的实践方法

1. 加强数字教育资源保护意识

数字教育资源属于无形资产，是高校资产的重要组成部分，是衡量高校办学实力的一项重要指标，其数量及质量直接影响着高校的教学科研水平及综合实力。因此，高校管理部门要转变思想认识，深刻认识到数字教育资源在学校教学科研中的重要作用，将数字教育资源的建设、管理及保护摆在同等重要的位置，切实提高数字教育资源的使用效益，为高校"双一流"建设作出贡献。与此同时，法律法规是高校数字教育资源管理与保护的制度保障，学校管理部门要加强对相关法律法规的宣传，定期向教学科研人员开展相关法律法规的培训，提高广大师生对数字教育资源的保护意识。

2. 完善数字教育资源管理体系建设

数字教育资源管理是一项系统工程，覆盖高校教学、科研等各个方面，高校应成立专门管理机构，机构负责人由校领导担任，成员由各归口管理部门负责人及法律顾问担任，机构办公室挂靠学校资产管理部门，负责统筹协调各单位、利益主体间的关系。专门管理机构的设置可结合学校的规模、特点及数字教育资源总量，兼顾必要性和科学性，充分发挥管理效能。

加强高校数字教育资源管理必须借助现代信息化技术手段，提高管理的信息化水平，可在现有资产管理平台的基础上，充分运用先进仪器设备，定制开发数字教育资源管理模块。以政府会计制度实施为契机，推进数字教育资源信息化建设，实现数字教育资源入账登记与财务管理系统、网络教学课程平台、电子图书数据库、网络与数据中心管理平台等实时对接，实现归口单位、资产、财务等相关部门数据的共享互通，借助网络技术实现数字教育资源登记、使用、处置的全生命周期管理及监管动态化、一体化、系统化，提高学校数字教育资源管理水平。

3. 落实数字教育资源管理规章制度

健全的规章制度是推进高校数字教育资源管理工作的基础保障，有针对性的实施细则有利于提高数字教育资源的规范化管理。实施细则应包含登记入账制度、审核机制、评估制度、保密制度及监督机制等规章制度。在制定过程中应该注意：①实施细则应纳入高等学校信息化建设与管理工作中，在制定过程中既要保证制度的全局性，也要兼顾制度的可操作性。②实施细则制定应遵循分类管理原则，因高校数字教育资源种类繁多，各高校应结合自身内部的管理体制再细化建立若干细则。③建立适应时代需求的利益分配制度，既要调动教师群体的积极性，在维护高校及教师合法权益的同时，兼顾好其他利益主体的权益，平衡好国家、单位、个人三者的权益。④加强对数字教育资源处置（转让、捐赠、报废）的全过程监督，对于处置过程中侵犯学校及教师合法权益的违法违规行为要坚决追究其法律责任。因此，健全的规章制度体系建立，既要不断完善全流程管理，也要做好全过程监督，使得数字教育资源的保护有章可循、有据可依，建立起规范而健全的法制保护体系。

总而言之，大数据背景下，高校要审时度势、提前布局，深入了解数字教育资源的发展现状和趋势，正确认识加强数字教育资源管理的重要性，充分运用大数据技术优势开展优质的数字教育资源建设，积极推进数字教育资源的整合和开放共享，通过提高数字教育资源保护意识、加强数字教育资源管理体系建设、健全数字教育资源管理规章制度等方式，逐步优化数字教育资源管理路径，为加快"双一流"建设步伐、推进我国教育现代化、办好人民满意的教育贡献力量。

第三章　大数据背景下高校学生教育管理信息化

第一节　高校学生管理及其特点

一、高校学生管理的本质

高校学生管理属于高等学校管理的一部分，所以具有管理的一般本质，又是高等学校人才培养工作的重要环节，有其特殊的本质。主要体现在以下几个方面：

第一，高校学生管理的社会组织具有特定性，是高等学校。实际上，社会组织中协调组织成员的相互关系和个人活动具有必要性，这是管理活动的根源，所有的管理活动都要在一定的社会组织中进行。高等学校是特定的社会组织，是系统培养专门人才的组织，其首要和基本的任务就是教育和培养大学生，所以高校学生管理是高等学校的特殊管理活动，其目的就在于实现高等学校的任务。

第二，高校学生管理的目的与高等学校的任务一致，是培养人才，促进大学生的全面发展。管理活动一定有其目的，实现一定社会组织的某种预定目标就是管理的目的。管理是实现目标的必要途径，世界上既不存在无目标的管理，也不可能实现无管理的目标。高校学生管理是高等学校人才培养工作的环节之一，其目标与学校在人才培养方面的预定目标相统一，就是要培养人才，使大学生全面发展，富有创新精神和实践能力，能够更好地建设中国特色社会主义事业。

第三，高校学生管理的本质是合理配置学校的各种资源，指导和服务大学生成长成才。高校学生管理的任务主要是科学地决策、计划、组织和控制学校的各种资源，有效地利用人力、物力、财力、时间和信息指导与服务大学生，使其能够顺利完成学业、健康成长成才，具体包括三个方面：①引导大学生行为和大学生群体。②资助家庭经济困难学生。

③提供就业服务帮助毕业生就业等。

高校学生管理的内涵是高等学校以实现人才培养、大学生全面发展为目标,通过决策、计划、组织和控制等方式,有效地利用人、财、物、时间、信息等资源,指导和服务大学生成长成才的一系列社会活动过程。

二、高校学生管理的原则

(一)自主性原则

大学生只有自主参与并配合管理,管理者的管理工作才能够顺利完成,所谓的坚持自主性选择实质上是指让大学生参与到管理中,不断激发学生的主观能动性,并且培养学生的创新能力,最终实现自主管理。高校学生管理遵循自主性原则,是由两方面决定的。一方面有利于育人目标的实现。管理的目标是育人,这就要求将外在的行为规范转化为内在的思想观念,从而支配管理对象的行为。学生如果不能参与其中,就很难充分发挥主观能动性,学生管理工作就很难继续开展,实效性会降低。另一方面有利于满足学生自主管理的现实需求。改革开放 40 多年来,我国经济飞速发展,人们的生活水平不断提高,社会主义制度日益完善,教育改革和教育管理已经成为当今热议的话题。现代化社会伴随着各类信息的高效传达,绝大多数高校在读学生已经受到了传统市场经济的影响,在日常的学习生活中,自主管理意识不断增强,个人管理能力不断提升。对于高校而言,坚持自主性原则可以从以下几个方面着手:

第一,为学生创造全新的管理平台。此管理平台可以由班长、学习委员、团支书、辅导员共同携手打造,为学生营造良好的管理氛围,不仅可以大幅增强班级凝聚力,还可以充分调动学生管理的积极性,这种全新的管理模式可以使学生主动地参与其中,从而达到预期的管理效果,让学生能够真正实现自我约束与管理。

第二,树立学生的管理意识,增强学生的管理能力。高校只有为学生不断创造良好的学习与生活氛围,学生才能更快适应并遵守学校的规章制度,进而增强自我管理的能力。

第三,学校应当重视对学生自主管理的教育工作。所谓的学生自主管理,并不是完全摆脱学校规章制度的束缚,而学校更要重视对自主管理的教育,如此才能使学生自主管理达到最佳效果。

(二)方向性原则

高校学生管理坚持方向性原则,是涉及培养什么人、如何培养人的根本性问题。高校学生管理是高校办学的重要方面,是学校育人工作的重要环节,高校的主要目标是培养合格的社会主义事业建设者和接班人,高校学生管理工作直接影响这一目标的实现。

在大学生管理过程中，坚持方向性原则显得至关重要，此原则不仅能为高校指明教学方向，还能够起到很好地调节高校运行的作用。坚持方向性原则就要求高校在确立管理目标时一定要遵循教育教学方针及法律法规。此原则也是高校管理的一大基本原则，高校只有始终坚持此原则才能更好地发展，才能够在学生管理方面取得显著成效。坚持方向性原则不仅是社会发展的需要，更是多年实践所得出来的结论。

（三）激励性原则

高校管理过程中需要坚持激励性原则，所谓的激励性原则实质上是指通过一定的方式方法促使学生的思想发生一定的变化，充分调动学生的积极性并发掘其无限潜能。激励性原则可以使高校管理的氛围更为轻松，也更容易被越来越多的大学生所接受与认可，因此坚持激励性原则在高校管理中有着重要的地位。

激励的效果取决于在激励过程中采取的手段、方式能否针对大学生的发展实际、能否满足大学生的需要、能否在大学生内心形成自我激励的内在动力等。因此，在高校学生管理中贯彻激励性原则，需要做到以下三个方面：

第一，运用适当的激励手段。为了更好地调动学生的积极性及培养学生的创新能力，进而充分发掘他们的内在潜能，高校就需要运用正向激励手段，所谓正向就是要具有一定的科学性及合理性，这种正向激励大致可以分为两种：一种是物质上的，主要指实物，物质利益的需求和满足是人类生存和发展的一个必备条件。实质性的激励更具有诱惑力，更容易激发学生的兴趣并充分调动学生的积极性。另一种是精神上的，口头表扬与称赞就是典型的精神激励，这种激励手段可以给予学生强大的精神力量，增加学生的自我认同感及自豪感，有助于学生潜能的激发。无论是物质上的激励还是精神上的激励，对于学生而言都具有一定的促进运用，合理运用正向激励手段可以使高校管理达到最佳效果。

第二，在管理中树立典型，通过榜样进行激励。除了运用正向激励手段外，还可以在管理中树立典型，通过榜样来激励学生，让学生先从学习榜样做起，最后成为榜样。

第三，采取情感激发的方式。在高校管理过程中，渗透一定的情感对于管理而言显得格外重要，感情在发酵的过程中会对学生起到一定的促进作用。所谓的情感激发实质上是要求管理者保持赤诚之心、关心学生、与学生坦诚相待，进而达到最佳的管理效果。如果管理者不能与学生和谐共处，那么学生就会产生消极情绪，管理起来就会更加困难。

（四）发展性原则

发展性原则主要涉及两方面的内容：其一，促进学生全方位、多角度的发展；其二，管理工作不能停歇，要不断地更新与发展。社会正在飞速发展，政治经济及社会文化都在发生着翻天覆地的改变，外界环境的变化对于高校管理影响重大，高校的管理制度要想紧跟时代步伐并且适应社会的发展，就必须深化改革，完善与调整管理制度。坚持发展性原则首先需要树立一定的发展意识；其次需要推动管理进一步发展，当然还需要合理利用资源，下面将展开具体论述：

1. 树立发展意识

思想决定发展方向，树立并具备一定的发展意识有助于形成优秀的管理模式。在传统的管理模式中，管理者不能与学生建立友好的管理关系，总是想掌控学生，将管住学生作为管理的首要任务。但是从管理效果来看，传统的管理模式更容易让学生产生消极情绪，并且对于学生的发展没有任何促进作用。随着社会的不断进步，管理模式的改革与创新显得尤为重要，要坚持发展性原则并且将促进学生全面发展作为管理的第一要务。发展观念的转变必须要结合社会的发展，满足社会的需求，以新的发展观念指导管理决策，设计管理计划，谋划学生的全面发展。

2. 推动管理创新

通过管理促进学生全面发展，进而实现最佳的管理效果。发展的过程实质上就是不断创新的过程，推动管理创新，才能够紧跟时代步伐。创新是当今社会的主旋律，学生管理制度的不断创新，无论是对于管理者还是学生而言，都将是一场全新的挑战，可以不断提升学生的能力，促进学生全方面发展。当今社会正在飞速发展，政治、经济及文化都在发生着日新月异的变化，为了使大学生不被社会所淘汰并且能够适应社会发展，保持原有的管理制度远远不够，而推动管理创新在当今社会就显得格外重要。在多元的时代中，只有不断创新与完善，才能够承担起时代所赋予的责任。

3. 促进学生发展

管理与服务学生始终作为高校管理的重要工作，在日常生活中，管理学生实际上远远多于服务学生。在管理学生的过程中，应当为学生提供更多的帮助、就业扶持、心理疏导等，只有这样，才能使学生更好地服从管理，并且不断向前发展，无论是创新能力还是主观能动性都能够得到进一步提升。统筹教育资源，使学校的各个部门相互配合、紧密联系，给予学生更多生活上及就业方面的帮助，更有助于促进学生的全面发展。

三、高校学生管理的内容

综合分析近年来的研究成果，高校学生管理的内容应当按三个方面来确定：一是按照大学生自身的活动形式，可划分为学习管理（包括课堂学习管理和课外学习管理）、生活管理（包括食堂生活管理和公寓生活管理等）和行为管理；二是按照受教育内容，可分为德育、智育、体育等方面的管理；三是按管理方式，可分为自我管理、班级管理和行政管理。下面主要探讨高校学生的自我管理、生活行为管理、课外活动管理以及社团活动管理。

（一）高校学生的自我管理

1. 高校学生自我管理的特征

（1）学生既是管理者又是被管理者，即管理与被管理两者的统一。学生自我管理同其他管理活动的根本区在于，其他管理活动强调的是对他人或他物的管理，而学生自我管理则是行为发出者作用于自身的活动过程。自己既是管理者，又是管理对象，这是自我管理最基本的特征。进行自我调节和控制，是学生自我管理的实质所在。

（2）自我管理是一个动态的螺旋式的循环过程，即自我认识、自我评价、自我控制、自我完善四位一体。在学生自我管理中，从目标的建立到组织实施，再到调节控制，以至于不断完善，都融于学生一体。学生在认识社会、他人和自己的基础上设计自己，在管理过程中评价、控制自己，最后达到目标的实现，到此也就完成了学生自我管理的一个循环，不是简单重复，而是在社会、个人的动态环境中螺旋式的循环。

（3）高校学生的自我管理内容要与时俱进，大学生的自我管理在不同的时代具有不同的内容。此特征有两个方面的含义：一是生活在一定社会条件下的人，其思想水平、知识水平和心理素质会被打上时代的烙印，学生也是如此；二是学生自我管理的目标及其社会意义具有鲜明的社会、政治、经济和文化特征。社会为自我管理提供了汲取营养的现实土壤，而作为新时期的高校大学生，就应该热爱祖国，热爱人民，追求真理，锐意进取，艰苦奋斗，乐于奉献。

2. 高校学生自我管理应遵循的原则

综合来看，学生的个人努力和愿望并不能决定他们的自我管理，其需要与社会道德相一致，符合学校的培养目标，满足社会和学校的需求，既要受制于学生管理制度，也要受制于社会条件，并且要接受学校和社会的管理。学生自我管理有一定的特殊性，因为其既主观又客观。因此，其要遵循的原则包括以下几个方面：

（1）遵循自觉自愿的原则。学生自我管理是一种方式，其依靠的是学生自我管理，学生要自觉自愿地安排一切管理流程，如管理的目标、内容，实施过程和信息的反馈、分析和纠错等，但这并非任其所为。学生管理部门要时刻关注和指导学生的自我管理，可进行必要的约束，为了使学生的自我管理不偏离正确的轨道。在进行集体自我管理时，要求每个学生都要发挥自身的长处，积极地参与到管理中来；在个体进行自我管理时，要充分展示自身的兴趣，施展自己的聪明才智。

（2）遵循认识评价的原则。学生要对自己在社会、学校和班级中的地位有明确的认知，这是实现自我管理的前提。要想认识就要参与其中，才能有清晰的认知。学生的自我管理分为内在条件和外在条件，内在条件包括学生的社会阅历以及文化、心理、政治和身体素质；外在条件则包括国家的经济文化环境、政策、社会规范以及学校和班级的功能、结构、目标和状况。要想真正切实地实现自我管理，就必须对自身有客观的评价，并且正确地看待社会。

（3）遵循严密性与松散性相结合的原则。集体自我管理的严密性指宗旨明确、计划科学合理、组织稳定并且骨干力量的水平较高，而个体自我管理的严密性指有良好的心理状态、严谨的进化和明确的目标。松散性要基于严密性，可在一定程度上选择学生自我管理的参与者、地点、时间和活动内容等。此处要用辩证统一的观点来看待"松"和"严"，要实现教育目标，维护集体利益，就必须有稳定的组织、明确的目标、优秀的管理者和完善的制度。因此，集体意识是学生在自我管理的过程中要不断加强的，应做好每一项集体工作，对集体的决定做到自觉维护和服从，这样学生的自我管理才能始终在正确的轨道上前进。此外，高校学生群体内部有着非常复杂的结构，可以在不损害集体利益的基础上维护学生的个性发展。让学生和学生之间做到相互尊重，共同学习，从而共同实现目标。

3. 高校学生自我管理的意义

（1）提高学生的辨别能力，有利于学生的健康成长。从心理层面看，青年学生正处于关键的自我发现和转折时期，他们的参与意识无比强烈，渴望外界尊重自己，这种心理愿望正好让学生自我管理得以实现，可以让他们的心理发展更加健全。学生拥有健康的心理可以促进学校的稳定。不过学生的人生观和世界观并没有完全形成，他们身处的环境又非常复杂，就让错误思想有了可乘之机。要想不被错误思想影响，家庭、学校和社会的引导必不可少，但学生也要提升自身的修养，在自我管理过程中不断加强明辨是非的能力，让自己的成长过程更加健康和愉快。

（2）有利于增强学生的自我控制能力和适应社会的能力。一方面，教育没有衔接实践是我国当下存在的问题，导致学生缺乏创造力和动手能力；另一方面，社会才是学生的归宿，社会要考验学生，当下的人才市场已经改变了以往的需求结构，社会要求学生具备更高的专业技能、更强的适应能力和更广泛的知识范围。因此，学生要在学生时代就进行有效的自我管理，抓住一切机会，认真学习专业技能和知识，不断满足社会需要，自我完善，让自我的控制能力、评价能力和认识能力都得到提升，为走向社会做好准备，能尽快适应复杂的社会环境，贡献自己的一份力量。

4.高校学生自我管理的内容

历史和时代共同决定了高校学生自我管理的相关内容。总体而言，自我管理分为三个方面，即业务素质、思想素质以及身心素质，三者属于一个辩证统一的整体，会相互联系和渗透，又存在区别。下面具体阐述三个方面中的业务素质：

（1）树立正确的成才观。学生在成才的过程中不仅取决于自身的智能和知识，还要树立正确的学习目标，勇于拼搏和奋斗。只有身负远大志向的人才能统一自身的素质、知识、觉悟和技能；只有将自己与国家和民族绑在一起，才能提高事业成功的概率。

（2）掌握学习规律，完善知识结构。学习知识、掌握技能、发现学习规律等都是学生的首要任务，都需要依靠脑力劳动。学生学习知识、接受教育基本都是通过课堂实现。而学生的自我管理和课堂学习都可以在预习、听课和复习的过程中实现。自学也是学生要掌握的技能，学生只有将书本和实践的知识都学习到，才能保证知识的全面性。而在实践知识的学习过程中要深入社会中去，用实践来丰富自己的知识，积累更多的经验。

（3）完善和优化智能结构。个人观察、分析和解决问题的能力就是智能，包含智力和能力。五个要素共同构成了智力结构，即记忆力、想象力、思维力、观察力和操作能力。只有不断提高上述能力，调整智能结构，使其得到完善，才能让大学生在业务素质方面实现自我管理。

5.高校学生自我管理的方法

学生自我管理是在家庭、社会和学校管理教育的灌输、诱导、组织、指导下，进行自我规划、自我调节、自我教育和自我完善的。由于人和社会环境的复杂性，学生实现自我管理的途径、方法，也是多种多样、纵横交织和不断发展变化的。

（1）学校要加强民主建设。只有在真正意义上将学生和教师作为学校的主体，才能体现出学校民主建设的实质。学校应鼓励师生积极参与民主管理，加强民主建设，让师生不仅做自己的主人，还可以做学校和社会的主人，从而保持高度的主动和自觉，学校也会因此有更强的凝聚力，拥有优良的校风和学风。

我国高等学校的管理制度近年来逐步完善。这些制度明确了学生的道德和行为准则，为学校的日常教育、管理工作提出了一套章法。广大学生在思想教育和制度的约束中，不断调节自己的思想、行为，逐步把外压力变成内驱力，自觉遵守，自觉维护，才能取得显著效果。

平等和公开是民主管理必不可少的因素。学校只有平等、公开地开展管理工作，双方才能够彼此信任和理解，才能提高学生的平等和主体意识。平等指管理者要真诚、平等地对待教师和学生，公开指要让管理工作更加透明。

学校在管理过程中应尽最大努力让学生参与到议政和管理中来，拓宽管理渠道，让学生尽自己最大的能力来管理。学生会在管理中增强主人翁意识，提高自己的归属感，而集体智慧也会提高决策的正确性。而且学生参与到管理中来也可以提高他们的能力，充分发挥他们的积极性，加强学生和管理部门之间的相互联系。

在实现民主管理的同时也要注重培养人的素质。管理的重点在于人，而学校民主管理的核心就在于提高人的全面素质。学校不仅要发挥教师、管理者和党团组织的作用，还要强化思政教育，引导学生为教育改革贡献出力量，鼓励学生自强不息，让学生发现民主与集中的关系，提高民主观念。学生在精神上有了支撑，才会为学校的民主管理提供良好的前提条件。

（2）做好学生组织建设。学校的团组织、学生会、班委会以及各个班级和系部都是学生组织。学校可以依赖这些组织保证学生管理工作的顺利进行，而学生的自我服务、管理和教育也可以通过这些组织实现。

学生干部是强化学生组织建设过程中的关键，要知人善用。学生是学生干部的来源，他们在接受管理和教育的同时也可以帮助学校进行管理，而且会组织和管理学生的各种活动。优秀的学生干部能够促成优秀集体的建设，在学生的管理工作中必须做好学生干部的选拔和任用。

改进管理方法也是强化学生组织建设的关键。在实现目标、达到目的的过程中必须使用相应的方法，好的方法可以帮助组织事半功倍地达到管理目标。由此可见，好的方法能够保证高的效率。这点也适用于学生组织的自我管理，通常情况下，正面激励法、榜样示范法、制度管理法、民主管理法等都可以用于学生组织的自我管理。

（3）加强社会实践活动。在教学实践中，加强自我管理是实现社会实践活动的前提。高校学生的根本任务是学习，并通过学习提高自己的智力和能力，而教学过程中的实践活动正是学校为了使学生把所学到的知识运用于实践所安排的。一个合格的学生，必须要掌握自己所学的基本技能、理论和知识，在学生的自我管理中，最重要的就是要在教学中加强实践，任何一个学生都要从自己的专业和实践需求出发，积极地参与到各种实践活动中，不断地考察和试验，加强自己的学习思考能力，让自己掌握更多的知识，并且能够在实践中灵活地运用。

校内外的各种实践活动也是实现自我管理的途径，其同样可以加强社会实践活动。在教学环节之外可以充分发挥校内外实践活动的用武之地，让学生施展自己的长处，发现自己的爱好。在校内外实践活动中实现自我管理要注意四个方面：一是参加学校组织的各项活动时要从自身的兴趣和特长出发，增强自己的责任感，做到独立自主，全面提高自身素质；二是要优化管理措施，完善管理制度，做到管理严谨，避免松散现象的出现；三是要合理安排假期，可以在假期中参与社会服务活动，充分了解社会，让自己的信念更加坚定；四是积极地参与学校组织的各项活动，不断提高自己的社交能力，并且让自己的集体、竞争和参与意识都在活动过程中得到锻炼。

（二）高校学生的生活行为管理

在大学生的管理工作当中，还有一项重要的任务就是大学生的生活管理，对生活的管理体现了政府对学生的关怀，使学生保持身心健康，建立正常的学习和生活秩序，使大学生能够德智体美全面发展，促进学校达成目标，意义深远。对大学生的生活管理应当包含大学生的一切活动，包括卫生健康以及饮食起居等，提高学生生活的质量，使其保持良好的习惯。行为管理的主要方式是监督检查大学生日常行为，发现问题能够及时解决，使大学生走入正路，身心健康。

（三）高校学生的课外活动管理

对大学生的管理包含了课外活动的管理工作，其中，课外活动的管理包含了校内和校外两方面的管理，在高校管理的过程当中，它是十分重要的，想要管理大学生课外活动，就一定要控制导向，使其能够达到以下的目的：第一，让大学生能够培养出自己的兴趣爱好，能够发挥自己的特长，将人才定点培养。第二，大学生能够提高自我的思政觉悟，让学生能够建立自己科学的世界观以及思想道德相关品质。第三，对教师在课堂上所讲的知识加以巩固和发展，使知识能够转化为学生的能力。第四，让学生拥有人际交往的机会，更好地适应社会，更加社会化，使大学生的生活更加丰富。

（四）高校学生的社团活动管理

1. 高校学生社团活动的作用

近年来，在当代中国的高等学府里，学生社团组织的发展如雨后春笋，无论是数量，还是活动范围和参加人数，都远远超过以往任何历史时期。目前，社团活动已经成为大学生课外活动的重要组成部分。

综观目前高校学生社团组织，按其活动性质可以划分为兴趣型社团（根据兴趣爱好自愿结成的团体，如桥牌协会、文学社、书法社等）、学术型社团（以专业学习、研究和交流为目的组成的团体，如经济管理协会、科学技术协会等）、服务型社团（以科技、文化服务和劳务服务为主要内容的团体，如各种科技、文化中心）三大类。此外，还有在学校组织或直接指导下开展活动的文化型社团（如文艺社团、乐团等）和新闻型社团（如学生通讯社、记者站等）。

高校学生社团活动是让学生学会自我组织与自我管理的重要途径。高校中的各种社团，不论类型和大小都可以增强在校学生的自我管理能力与教育能力。社团组织活动主要是通过整体活动将一群爱好相同的人群聚集在一起，让他们自己去开拓视野，丰富活动内容，增加生活趣味，同时增强团队合作精神，进而为后期进入社会打下基础。不同性质的社团中有同等爱好的同学，这样可以涉及整个学校各爱好个体，帮助高校学生根据自身特长去发展进步。

当然，各种类型的社团活动的出现也有其他作用，例如，学术型的社团活动可以增加高校学生的积极性以及自主意识，对提高学生的探索精神也有很大影响；以艺术爱好为主的社团活动可以直接将高校学生的课下生活丰富起来，增强在校学生的修养与情操；另外一类的文化型以及新闻型的社团则是需要比较高的专业水平，可以增强高校学生的专业知识体系；当然还有服务型的活动，此类社团活动主要是让高校学生了解国情，了解社会，加强其劳动服务观念，使学生有更加深刻的责任与使命感。

2. 高校学生社团的组建程序

（1）学生社团的申请条件。学生社团不同于社会团体。学生社团是本校学生自愿组织的群众性团体。兴趣、爱好相近的学生，在自愿的基础上，可以向学校申请成立社团，但在申请成立社团时，须具备以下几个基本条件：

第一，有社团章程。社团章程必须明确规定本社团的宗旨和活动目的。任何学生社团，均不得反对四项基本原则，不得从事有碍学生身心健康的活动。社团章程必须经过本社团成员讨论通过。

第二，社团活动透明化。要明确社团活动的内容、开展活动的方式和时间，以及接纳社团成员的办法等。社团活动的内容应与社团宗旨和活动目的相符合，应以丰富和补充课堂知识、活跃课外生活为主。社团开展活动一般应在课余时间进行，以不影响社团成员的正常学习为基本原则。接收和调整社团成员应有规定和程序，禁止个人独断。

第三，有相应的组织领导机构。学生社团的组织机构、领导机构，一般应以便于组织和开展活动为设置的原则，不宜设置烦琐和庞大的机构，要实行民主集中制的组织原则。社团筹备过程中，必须指定临时负责人，一经批准成立，应民主选举或协商产生正式负责人。社团负责人，必须具备以下基本条件：政治思想好，努力学习，熟悉本社团业务，热心社会工作，有一定的组织领导能力。专业性较强的社团，还应聘请指导教师进行政治和业务指导。

第四，活动经费有可靠来源和相应的管理办法。学生社团可以在社团成员同意和可能承担的前提下，规定社团成员一次或定期缴纳少量会费，也可以采取正当方式筹集部分经费。但无论以何种方式取得的经费，必须有专门办法、专门机构或专人进行管理，并定期在社团内部公布收支情况。

（2）学生社团的组建。

第一，学生社团成立的程序。学生社团筹建过程中，如果同时具备上述四个基本条件，则可以正式申请成立。申请成立学生社团的程序比较简单，但要求必须有正式书面申请。

正式书面申请应包括以下内容：申请成立社团的原因和理由；拟成立社团的名称；社团的章程和宗旨；社团规模和现有成员数，活动内容及活动方式；社团筹备负责人基本情况；社团活动经费来源及管理办法；等等。

正式书面申请须先经集体讨论通过，然后由社团筹备负责人送交学校有关部门，并由社团筹备负责人向学校有关部门做必要的说明。若学校暂未明确学生社团审批部门，可以将正式书面申请送达与本社团活动内容相近的学校有关部门。

第二，学生社团的审批。学校有关部门受理学生社团的申请、批准等项事宜。学校有关部门在决定是否批准某个学生社团成立之前，应对正式书面申请的内容进行审查，并做必要的实际调查和了解。学校有关部门决定批准或不予批准某个学生社团成立，应有书面通知，并通知社团筹备负责人。对批准成立的社团，学校有关部门应规定该社团的主管部门，必要时可规定辅导教师。对未被批准的社团，学校有关部门要说明理由，做好解释工作。经学校有关部门批准后，学生社团可以正式成立，开展活动。未经批准的社团不得成立和开展活动。需要特别指出的是，跨学校、跨地区、面向社会的团体，不属学校社团之列。学生申请成立这一类社会团体，应当按照我国民政部公布的《社会团体登记管理条例》的规定办理，学校无权受理此类申请。

第三，学生社团的解散。学生社团的解散，包括自行解散和强制解散两种。

自行解散。由于学生流动快，学生社团成员变化较大，容易导致社团活动停止、社团组织自行解散的情况。学生社团自行解散，要向批准成立的部门报告，同时要妥善处理遗留经费和物资。凡属个人的，应当返还本人，其他剩余部分上缴学校。

强制解散。学生社团活动应当严格遵守有关法律和规定。社团活动发生违反宪法、法律和有关法规，并造成严重影响，或严重损害学生身心健康，或严重干扰学校秩序，或与本社团宗旨无关，经劝告仍不改正等情况时，学校有关部门可以责令该社团停止活动，并强制解散。对社团负责人和有关直接责任者，可以按有关规定做出相应的处理。

3. 高校学生社团活动的原则

（1）社团活动必须服从领导。高校有专门管理各社团组织的机构，其主要从政治方面领导学校的各社团组织。各社团组织要自觉地接受管理部门的领导，不能存在不在管理范围之内的高校社团组织或者活动。

（2）学生社团活动要合法合规。高校学生的社团活动需要遵守学校的组织纪律与制度秩序，遵守校纪校规以及我国法律法规。当然社团活动也不能长时间不断地组织，需要在学生完成学业的基础上再开展社团组织活动。社团组织也要有教育意义，使社团内成员遵守校规、遵纪守法。

（3）社团活动要为社团宗旨服务。学生社团要认真按照确定的宗旨开展活动，不得从事与本社团宗旨无关的活动。有的社团不但开展非本社团范围内的活动，而且借社团之名，大肆进行非法的政治性活动，更有极少数人打着社团的幌子，肆无忌惮地公开进行反动宣传、煽动活动，企图成立反对派组织，甚至反动组织，这些都是绝对不能允许的。

（4）学生社团邀请任何人员参与活动都要经学校同意。学生社团邀请校外人员到学校进行社会政治活动和学术活动，均须经学校同意。学生社团邀请有关专家、学者和知名人士到学校进行有关的内容的演讲、座谈和社会政治活动，对提高社团成员的水平，丰富社团活动内容，都有积极意义。但是，为了加强管理，学生社团组织或个人不得随意邀请校外人员来校从事有关活动。

学生社团组织或个人邀请校外人员（包括外籍人员）到校举办学术讲座、发表演说、做报告、进行座谈和讨论等活动，须经学校批准。组织者应在 72 小时前向学校有关部门提出申请，说明活动的内容、报告人和活动负责人姓名，学校有关部门应当在拟举行活动的 4 小时前将许可或者不许可的决定通知组织者。讲座、报告等社会政治活动和学术活动，不得反对我国宪法确立的根本制度，不得宣传封建迷信，不得干扰学校的教学、科研和生活秩序。对于违反上述规定的活动组织者，要根据校纪，酌情予以处理，对于正在进行的这类活动，学校有关部门也应该责令立即停止进行。

学生社团创办面向校内的报刊，须经学校批准。学生社团可以根据需要和可能创办面向校内的报刊，但报刊内容应限定在本社团宗旨范围内。在正式创刊之前，要向学校有关部门提出申请，说明办刊宗旨、登载内容、出版周期、经费来源，以及编辑人员组成等有关情况。未经学校有关部门批准，不得印刷和散发、张贴自办报刊。

出版面向校内的报刊，要求学生社团高度负责，认真选择稿件，尽量减少或不出差错，特别是不应出现政治性的失误。为此，应当主动争取有关主管部门帮助把关。报刊应标明已经学校有关部门批准字样或标注批准号。报刊停止出版，应向原批准部门报告。学生在校的主要任务是学习，因此，不提倡学生创办面向校外的报刊，如果创办面向校外的报刊，必须按照规定报政府有关部门批准，并接受指导和管理。

除了这些管理之外，高校还有其他的学生管理，包含共青团的工作和学生会的工作管理，以及社团等的管理。

综上所述，高校对学生的各方面管理方法还是十分丰富的，手法也是多样的，在高等学校的管理当中，对学生的管理是十分必要的，学校想要培养合格的人才，就一定要对学生进行管理，让学生能够拥有良好的习惯，自立并且拥有各方面能力，可以独立的生活，健康愉快的成长，为社会主义事业作出贡献。

四、高校学生管理的特点

（一）价值导向鲜明

我国高校的目的是培养专门人才为社会主义建设服务，所以，我国的高校学生管理一定要坚持价值导向的引导，也就是要求学生坚持社会主义思想。高校学生管理的价值导向具体体现在以下三个方面：

第一，目标管理。人类实践活动的基本特征之一就是目的性。人的实践活动基于一定的需要对实践对象的属性及变化趋势有着一定的认识和判断，这就是目标管理的目的，体现着其价值观念。同理，高校学生管理也有目的性。价值观念和价值追求贯穿高校学生管理的整个过程，都是基于一定的价值观念确定和设计的，都贯穿和体现着一定的价值观念和价值追求。所以高校学生管理的价值导向既引导、激励和评价着大学生的日常行为，同时引导、激励和评价着管理者的管理行为，还引导和促进大学生形成正确积极的价值观。

第二，理念管理。高校学生管理理念是社会价值体系的体现，指导着高等学校学生管理的思想、原则、方法。高校学生管理中往往贯彻和体现了社会先进的价值观。

第三，制度管理。有效的高校学生管理拥有科学而又严密的规章制度，规章制度的设计和执行标志着高校学生管理规范化、制度化和法制化，也是高校学生管理规范化、制度化和法制化的基本保证。而管理规章制度是人们制定出来的，制定的人受一定的价值观念影响，制定出的制度也就具有一定的价值导向，具体表现是，大学生需要做的事情与不能做的事情，哪些行为受到鼓励和提倡，哪些行为被反对和禁止，怎样的行为和表现会被奖励，怎样的行为和表现会被惩罚等。高校学生管理制度中的这些规定无不体现着鲜明的价值导向。

（二）教育功能突出

由于高校人才培养工作的重要部分就是高校学生管理，所以高校学生管理具有管理和教育双属性，且更偏重教育功能。

第一，高校学生管理作为高校为达成目标而实施的特殊管理活动，所以其目标必然与高校的目标相一致，且服从和服务于高校的目标。高校的目标就是实现大学生教育的目标，促使学生圆满完成大学学业，换言之，大学生跨进大学校门的目的就是接受大学教育。所以高校学生管理的目标必须为大学生教育的目标服务。

第二，教育方法在高校学生管理方法体系中具有突出的作用。教育方法是包括高校学生管理在内的现代管理活动中最经常、最广泛使用的一种基本手段。这是因为，一切管理活动都离不开人，而人是有思想的，人的活动总是由一定的思想意识支配的。任何管理活动都要坚持思想领先的原则，注意做好人的思想工作，通过影响人的思想去引导和制约人们的活动。而高校学生管理作为大学生教育和培养工作系统中的一个重要组成部分，也就必然要运用教育的手段，增强高校学生管理的实效性。

第三，高校学生管理过程就是教育大学生的过程。高等学校的工作核心就是教育和培养专门人才，所以一切工作都要围绕教育学生来展开，都应当对大学生有良好的教育和影响作用。而高校学生管理的理念是以人为本、民主法制、公正和谐，采用的管理方法是民主管理、依法管理、科学管理，其内在遵循教育规律和管理规律，遵循从学校和学生的实际出发、实事求是的科学精神和哲学规律，这一切都影响着学生。例如，高校学生管理过程为促进大学生成长成才制定了各项规章制度，这些制度会引导大学生思想，激励大学生前进，规范大学生行为。另外，高校学生管理人员的情感、态度和言行也会影响大学生，是大学生的表率和示范。由此可见，高校学生管理的过程就是大学生教育的过程，直接关系着大学生思想品德的形成与发展。

（三）管理专业性强

高校学生管理传统上是经验性的事务型工作，而高校学生管理对象和内在规律的特殊性及其特有的方法体系逐渐被认识，决定了必须形成高校学生管理专业视角、使用专业方法、形成专业研究模式。现在的高校学生管理工作专业性极强。

1.学生管理的内在规律特殊

高校学生管理有其特殊的矛盾性，就是以社会对专门人才的需要为参照标准，对大学生的行为要求与大学生的实际行为之间有矛盾。这一矛盾存在于一切学生管理活动中，存在于一切学生管理过程中，是高校学生管理全局的决定因素。这一矛盾既是高校学生管理的基本矛盾，又是高校学生管理的特殊矛盾，使之与其他社会实践活动有所区别。为解决这一矛盾而开展的特殊社会实践活动就是高校学生管理。高校管理具有管理和教育的双重属性，所以，高校学生管理既要遵循管理的一般规律，还要区别于其他管理活动。既要遵循教育的一般规律，也要区别于其他教育活动。这就需要专门探索和研究高校学生管理的特殊规律。揭示这种规律也是高校学生管理理论研究的任务。

2. 学生管理的管理对象特殊

大学生是高校学生管理的对象，他们与一般管理对象不同，主要体现在以下几个方面：

（1）大学生自觉能动性高。大学生的特点是自主意识强、独立意向突出、智力发展水平高，且多崇尚独立思考，希望自主自治。在高校学生管理过程中，大学生具有管理对象和积极活动主体的双重身份。对于管理的要求和规章，对于管理者施加的指导和督促，他们总要经过自己的思考，做出自己的评价、选择和反应。而且，他们会主动地参与管理活动并自觉地接受管理，甚至达到自我管理。所以，在高校学生管理中，激发和引导大学生的自觉能动性是一项很重要的工作，要充分将他们引导到高校学生管理的目标上来，使他们的需求和高校学生管理的要求相一致，使其能够主动接受管理，并且积极进行自我管理。

（2）大学生处于成长和发展的关键时期。大学生既不同于少年儿童又区别于成人，正处于世界观、人生观和价值观形成的时期，在思考、探索和选择的过程中，逐渐形成了正确的世界观、人生观和价值观，心理日趋成熟但没有完全成熟，智力发展迅速，情感丰富，有很强的自我意识，同时心理矛盾较大，如理智与情绪的矛盾、自我期望与自身能力的矛盾等。他们的思想活动具有显著的独立性、敏感性、多变性、差异性和矛盾性。大学生处于即将走上社会，进入职场、全面参与社会劳动实践的关键时期，有着巨大的发展潜力，各个方面都蕴藏着极大的可能。所以，高校学生管理要针对大学生的特点，切实加强大学生指导和服务的力度和科学性，促进大学生健康成长、身心良好发展。

（3）大学生的主要任务是学习，并能够在教师的指导下进行自主学习。学习是大学生的首要任务，大学生的学习是在教师的指导下、遵守特定的制度和规定，有目的、有计划、有组织地进行的。大学生学习有很强的自主性，可以在学校的有关规定下自主地选修课程，也有大量自主支配的课外学习时间。换言之，对于大学生的学习来说，科学的学习方法很重要，高度的学习自觉性和有效的自我管理也同样重要。所以，高校学生管理要以大学生的学习任务为中心，加强指导和管理大学生的学习行为。

3. 学生管理方法体系的特殊

高校学生管理对象和管理规律的特殊性，决定了高校学生管理方法体系的特殊性。高校学生管理工作涉及面广、综合性强，所以需要管理学、教育学、心理学、社会学等多方面的理论方法和技术作为其方法体系的基础。但高校学生管理的方法体系又不是这些学科方法和技术的简单拼凑和机械相加，而是需要在系统掌握这些学科理论、方法和技术的基础上，针对高校学生管理的特定对象，根据高校学生管理的特殊规律和实际，有机地、综合地加以运用，以形成自己特有的方法体系。

第二节　高校学生管理模式与现实规律

一、高校学生管理的模式分析

我国的经济体制改革正在不断深化，市场经济体制愈加完善，过去属于精英教育的高等教育开始转化为一种大众化的教育，高校学生的管理工作也增加了很多新的内容和要求，有了更加丰富的内涵，其模式也发生了相应的变化以适应新的人才培养需求。高校学生管理人员的组成结构也有了新的变化，专职人员开始趋于精英化和专业化，还有不少兼职者也加入了管理人员的队伍，高校专职的辅导员有了新的、更高的工作标准。对于所招聘的学工人员也会提出一定的专业技术要求以及德育教育经验。对这些人员大多实行的是学校以及学院的二级管理制，各个学院都有专职的副职领导来负责学生的管理工作，并且设有学生工作的专职部门开展相关的工作。

过去学生管理工作的主要内容是对学生开展管理，而现在则增加了更多地为学生提供服务的职能。例如，越来越多的高校开始设立勤工助学的机构，用来开展针对困难学生的帮助；设立了心理咨询中心，为出现心理问题的学生提供咨询服务；设立就业指导中心，为毕业生提供就业方面的指导和服务；设立大学生公寓以及公寓管理中心，专门开展学生公寓以及公寓的管理。这些服务功能的增设，目的就是更好地为学生的学习以及生活提供服务，帮助他们解决在校期间遇到的各种问题。

现阶段国家以及社会各界越来越关注大学毕业生的就业问题，很多高校开始独立设置学生就业指导服务部门，为大学生提供就业服务成为高校的一项重要工作，各高校都安排有校领导专门负责此项工作。在我国，按照不同的办学水平和价值取向，高校被分成三种不同的类型：一是研究型的大学，二是教学研究型的大学，三是教学型的大学。在这三种不同类型的大学中，在校大学生也展现出不同的特点，所以，开展学生管理有着不同的侧重点，管理部门的组织结构也各不相同。

第一，研究型的大学。研究型大学的主要工作任务是从事科学研究和促进学科的发展，大学校园通常都有着浓郁的学术氛围，完备的学科建设，不仅以市场的需求作为设置专业的标准，研究型大学的侧重点在于推进科学的发展与进步，有着较强的师资力量以及较高水平的科研能力，在科学研究、科学实验以及教学方面有着较为完善的条件，各种研究和教学设备齐全，学生的素质以及基础较好，思维处于非常活跃的状态，他们的科研能力和动手能力通常都较强，在就业市场上拥有较强的竞争能力。知识劳动当中包含着一个重点内容，就是知识创新，创新的目的就是对未知的事物和规律进行探究，并且不断揭示自然当中的奥秘，是一种基础性的研究。对于研究型大学，更适宜采取目标式的管理模式，因为其有着更加明确的管理目标，管理者与学生之间有着清晰而明确的关系，学生发展的目标与学校的教学及管理目标之间能够彼此相符，这种学生工作的模式较为新颖，与计划经济时代高校对学生的管理模式完全不同。高校需要根据学生的需要为他们提供各种服务，学生以及学生工作者之间存在着一种互动关系，能够使高校的人才培养目标以及学生的自身发展逐步实现统一。

第二，教学研究型的大学。教学研究型大学所招收的学生入学成绩相对一般，学校的学生大多是第二批志愿的考生，与研究型大学相比，师资力量以及教学条件等方面也较弱。此类学校培养毕业生的目标是为区域经济的发展提供人才，为政府、为地方企业的科技及文化工作提供服务，为政府和企业培养实用型的人才。教学研究型大学在培养人才的过程中更加注重的是将理论与实践相结合，换言之是将所学到的理论知识转化为在岗位上可以使用的生产力。

传播知识是教学研究型大学所担负的重要任务，另外，教学研究型大学对于知识的应用以及转化也给予了特别的关注，在生产的过程中对知识加以运用，对一些基础性的应用展开研究，引导学生提高对知识的实际应用能力。教学研究型学校的管理系统较为完整，对管理过程也有着很强的控制力，应充分发挥这种新型的学生管理模式优势。教学研究型大学将学生管理工作视为较为完整的体系，这种新的运行机制，须对每个环节进行周密的部署和严格的管控，以促使管理目标的顺利实现。研究型大学则采取多元化的模式开展学生的管理工作，其中最主要的是进行思想教育，用政策导向来激励学生，引导他们养成良好的行为习惯，用良好的文化氛围及环境感化陶冶学生的思想。

第三，教学型的大学。教学型大学主要包括有权授予学士学位、硕士学位的本科院校，以及专科院校、高等职业技术教育为主的高职类院校。此类学校的教学重点在于训练学生的专业技能，注重的是学生的实际应用能力，专注于对知识的传播，着力于人力资源的开发，促使劳动者素质的不断提升。此类学校主要培养的是管理、生产以及服务第一线的技术型人才。教学型院校具有行为性和职业性的特点，这就要求学校要保持与用人单位的密切联系，将教学、研究以及生产结合在一起。要想培养出技能型以及应用型的人才，必须要有企业的参与、社会的支持，现阶段我国经济发展的步伐在不断加快，对人才培养的模式提出了新的、更高的要求。围绕技能培训这个核心开展一系列的教学和管理活动，市场机制在这种模式中发挥着更大的作用。

二、高校学生管理的现实规律

高校管理的系统工作十分复杂，学校中有许多方面是不同的，如办学层次、学校整体的类型和管理的模式等，但是内在的管理工作是有规律的，下面分析高校对学生管理计划过程当中的一些规律。

（一）高校学生管理的基本计划

高校学生管理的计划是管理的首要职能。它是高校在预见未来的基础上，对高校学生管理目标和实现该目标的途径做出筹划和安排，以保证高校学生管理工作有条不紊地进行。

1. 高校学生管理计划的意义

高校学生管理计划是关于高校学生管理未来的蓝图，是对高校学生管理未来一段时间内的目标和实现该目标途径的策划与安排。如同个人在工作和生活中时常制订某种计划一样，高校学生管理也需要在计划的指导下有条不紊地进行，没有计划，活动就经常会出现混乱和低效率。高校学生管理计划具有以下四个方面的意义：

（1）高校学生管理计划明确了高校有关人员及有关部门在学生管理中的行动方向和方式，从而变为一项有力的依据，对高校的各方面行动进行协调，计划的过程使得高校拥有了自己管理学生的目标，并且按照现实的状况和实施的进程来进行安排。

（2）高校学生管理计划工作能促使高校学生管理者改善学生管理的效率，由此挖掘潜力，减少学生管理资源的浪费，提高管理的有效性。

（3）高校对学生的管理工作应当使学生能够得到正确的引导，相应的管理人员应当对未来可能发生的各种情况进行积极思考，由此，触发学生管理当中高校管理者的沟通思考和预测，提高应变能力，降低管理的风险。

（4）各个层次学校学生之中的管理者对日常考核核对工作进行控制，是由高校学生管理计划决定的。

2. 高校学生管理计划的过程

高校学生管理计划依据不同的划分方式有着不同的分类：根据有无明文规定可将计划分为正式计划和非正式计划；从计划内容的详尽程度不同，可分为指向性计划与具体性计划；根据计划的影响范围和影响程度的不同，可分为战略计划与战术计划；根据计划期间的长短不同，可分为短期计划（一年以内）和长期计划。不论工作计划如何划分，高校学生管理计划工作的过程大致包括以下阶段：

（1）收集资料，确定计划的基本前提条件。为了收集资料，有效地确定计划工作的前提条件，要注意三点：①合理选择关键性的前提条件。即高校学生管理者选择应予以重点注意的计划的前提条件需要明确：在高校的内外环境中，学生管理计划的完成最有影响的因素。②提供多套备选的计划前提。这是指为应付未来突出的偶然事件，事先准备好若干套前提条件，并根据设定的多套前提条件拟订相应的计划。如目前高校中有关学生管理的各种突发事件的预案。③保证计划前提条件的协调一致。这要求在高校党委和学生工作部门组织下，对各院系的前提条件进行分析研究，综合概括，各院系的党总支、分团委对各年级、班级、各学生组织进行协调，以确保全校的学生管理计划都按照同样的基调来进行制订。

（2）确定高校学生管理目标和实现目标的总体行动计划。决策就是在这一阶段的计划工作当中要实施的内容，它的工作步骤为：①在认识到计划基本的前提条件的基础上，估计学生管理工作发展的机会，从而确立学生管理的目标；②对计划的前提条件进行具体的调查研究；③提出多种方案，并且要通过比较和分析来确定一个最佳的方案。

（3）分解目标，形成合理的目标结构。在对目标分解的过程当中，要分析这个目标的合理性，要对比较低层次和短期目标，这样才能保证高层次以及中长期目标能够实现。要将各种时期的目标进行整体的衔接，使其协调，目标体系才能够更加完整。要对目标进行分解，在同一个单位当中拥有两种目标结构：空间结构和时间结构。目标结构主要是对中高层次，以及中长时期目标的整体描述，使其能够与低层次和短期目标得以相互呼应。

（4）综合平衡。首先，是任务之间的平衡，包括任务的时间平衡和空间平衡。在平衡过程中，如果发现较低层次的某个具体任务不能充分实现，则应考虑能否采取有关补救措施。否则，应调整较高层次的目标要求，而此时可能会导致整个学校或各院系学生管理工作的决策需要做出修订。其次，综合平衡还要研究学生管理活动的进行与资源供应（即学生管理中的人、财、物、信息供应）的关系。最后，综合平衡还要分析不同环节在不同时间的任务与能力之间是否平衡。

（二）高校学生管理的协调与控制

高校学生管理协调，就是对组织环境以及活动环境的变化进行定期的协调和监视，使得组织按事先的计划正常运行。高校学生管理者尽管可以制订出周密的计划，可以将组织结构设计得非常有效，可以通过领导工作充分调动被管理者的积极性，但这些往往并不足以保证所有的行动都能按计划执行，不能保证管理者追求的目标一定能够达到。

控制是由管理人员对组织实际运行是否符合预定的目标进行测定并采取措施确保组织目标实现的过程。高校学生管理的控制主要指的是管理控制，目标主要有两个：一是限制偏差的积累,二是适应环境的变化。控制遵循以下原则:控制需要与计划和组织相协调,要对重点进行突出,对例外进行强调;控制要有及时性和灵活性,避免目标扭曲等问题;控制需要对成员的能力进行培养。

高校学生管理的协调和控制可以在计划和目标实施过程中,有效地保证计划的顺利实施,并实现原定的高校学生管理计划。

第三节　高校学生管理队伍建设及其培养

一、高校学生管理队伍建设的意义

(一)符合高校培养人才及自身发展的要求

目前,高校学生接收信息的渠道很广,他们知识较宽、学习能力较强,再加上社会环境比较宽松,为学生的个性张扬、个人权利的保护和体现提供了条件。但是,由于现在的大学生一直生活在校园中,相对而言他们的社会生活能力较弱。这些年,由于高等教育的大幅度扩招和毕业生就业压力的加大,尽管现在的学生拥有较好的物质条件,但是他们却很难找到幸福感和成就感,他们的压力很大、失落感较强,甚至有时会迷茫、无所适从。他们急需得到心理健康、人际交往、社会适应和人生规划等方面的指导,迫切需要得到他人的关心和帮助。学生管理工作队伍是学校重要的一支力量,为了使这支队伍更加稳定、更好地发展、素质不断提高,必须采取有效的措施加强学生管理队伍的建设。

(二)为高校学生管理工作提供了组织保证

1.建立素质高、专业强的管理队伍

素质高、专业强的管理队伍要求做到"政治强""业务精""纪律严""作风正"四个方面:

"政治强"即要求学生管理工作者打好理论根底,具有坚定的共产主义信仰,具有正确的世界观、人生观和价值观,具有较高的理论素养。

"业务精"即要求学生管理工作者打好知识根底,学习并熟练掌握学生工作基本理论,熟悉学生思政状况和学生成长成才规律,做到既懂政治,又学识渊博。当前,学生管理工作者尤其要掌握教育学和心理学知识,能够为大学生提供心理咨询服务和开展心理健

康教育活动；要掌握就业指导方面的知识，能够引导学生树立正确的择业观和指导大学生健康择业。

"纪律严"即要求学生管理工作者打好政策法规纪律根底，掌握国家的法律法规，不断增强纪律观念。

"作风正"即要求学生管理工作者打好群众观点根底，注意发扬民主，尊重人、理解人、关心人，平易近人、耐心细致，赢得学生的尊重和信任，还要注意培养高尚的道德情操和崇高的人格，正所谓"其身正，不令而行；其身不正，虽令不从"，依靠自己人格力量，增强教育工作的说服力和感染力。

大学生是民族的希望和未来，把他们培养成为社会主义合格的建设者和接班人是高校的职责，只有按照"政治强、业务精、纪律严、作风正"的要求来加强高校学生管理队伍建设，才能承担起培养学生的历史重任。

2. 影响学生管理工作的成败与新局面开拓

高校学生管理队伍是学生管理工作的直接组织者和担负者，学生管理工作的成败在很大程度上取决于队伍建设。加强和改进学生管理工作，必须切实加强队伍建设，要认真解决在学生管理工作队伍中存在的数量不足、结构不够合理、思想不够稳定、超负荷运转等问题，根据形势和任务的需要，按照以专职为主，专兼职相结合的原则，主要在品学兼优的硕士研究生，以及本科优秀毕业生、优秀中青年教师中补充学生管理人员；要不断优化队伍结构，统筹规划，合理安排，保证学生管理工作者的学习培训，提高学生管理者的素质；实行倾斜政策，保证学生管理工作者的职称、职级、评优和收入等福利待遇；建立和完善学生管理工作者的考评体系，明确职责、规范要求、强化管理、严格奖惩，保证学生管理工作者的主要时间和精力真正投入在学生工作上。只有建设一支思想素质好、理论素养和政策水平高、业务能力强、信得过、靠得住、特别能战斗的学生管理工作队伍，才能不断开拓高校学生管理工作的新局面。

二、高校学生管理队伍建设的要求

（一）对高校学生管理工作者的素质要求

学生管理工作者要培养和造就高素质人才，自身必须具备较高的政治思想素质，合理的知识结构和较强的能力素质，并有较完善的自我形象和人格力量等，概括而言，高校学生管理者工作者应具备以下素质：

1. 思想素质

（1）正确的思想意识。正确的思想意识即要树立社会主义思想意识，自觉地传播社会主义、共产主义思想，牢记全心全意为人民服务的宗旨，正确处理个人利益和社会利益、集体利益和他人利益的矛盾关系，在实践中不断培养和发扬社会主义和共产主义的精神。

（2）严谨的思想作风。严谨的思想作风即要有实事求是的思想作风，尊重客观事实，一切从实际出发，按照教育教学管理规律办事。

2. 道德素质

（1）科学的道德认识。科学的道德认识是道德行为和道德习惯的先导，是形成道德品质的最基本的条件。高校学生管理工作者要在了解和掌握社会主义道德价值体系的基础上，按照社会主义道德体系的要求和规范提高自己的道德修养。

（2）高尚的道德信念。道德信念较之道德认识、道德行为和道德意志，具有综合性、稳定性和持久性的特点，它在道德品质形成中居于主导地位，是道德认识转化为道德行为的重要精神力量。高校学生管理工作者应该确立高尚的社会主义、共产主义道德信念，具有真诚信仰和强烈的责任感。

（3）优秀的道德品质。优秀的道德品质是道德认识、道德情感、道德意志、道德信仰、道德信念、道德行为的集合体。高校学生管理工作者要树立优秀的道德品质，以自己的实践活动体现社会主义、共产主义的道德情操。

3. 心理素质

（1）坚韧的意志品格。作为高校学生管理者，必须具有强烈的事业心和进取心，高度的热情和主动负责的精神，坚定的信念和自信心，强烈的责任心和荣誉感。只有这样，才有克服困难的勇气，在困难面前，具有坚韧的忍耐力和坚定的毅力，面对成功与失败，顺境与逆境，都能沉着稳定，善于控制自己的情绪，保持冷静。

（2）开放稳重的性格特征。高校学生管理工作者要善于培养开放性、稳重而富有吸引力的性格特征，在教育实践中做到一丝不苟，踏实认真，在待人处事中要开朗热情，诚恳友善，乐于助人，严于律己，宽以待人。

（3）良好的心境。心境是一种比较持久的、稳定的、影响人的整个精神活动的情绪状态，对人的生活和工作有很大的影响。一般而言，积极、良好的心境有助于充分发挥自己的积极性与创造性，提高工作效率；相反，消极不良的心境则容易使人厌倦、悲观、消沉、孤僻。因此，高校学生管理者应当学会做心境的主人，使自己经常保持舒畅、乐观、开朗的良好心境，以利于有效地开展工作。

（4）广泛的兴趣爱好。高校学生管理工作者要具有广泛的兴趣爱好，以便在工作中与学生打成一片，寓教育于娱乐当中，使思想性、教育性与娱乐性融为一体，通过健康活泼的集体娱乐活动，潜移默化地影响学生的思政品德，达到提高学生的思政觉悟和认识能力的目的。

4. 知识素养

（1）牢固的理论知识。作为高校学生管理工作者，要认真学习和掌握相关理论知识。

（2）扎实的专业知识。高校学生管理工作者的专业知识，突出地表现为思政教育学的基本理论和工作业务方面的知识，掌握专业知识，有利于提高高校学生管理工作者的业务能力和专业水平。

（3）广博的相关学科知识。高校学生管理工作者要掌握心理学、教育学、伦理学、政治学、社会学等相关学科的理论知识，同时，还要熟悉和了解与学生管理联系较为紧密的相关知识，如经济学、法学、历史学、美学、思维科学中的语言学、逻辑学、统计学和现代科学技术知识、电脑操作知识等，高校学生管理工作者懂得的知识越多，对工作越有利。

5. 能力素质

（1）组织管理能力。组织管理能力主要包括：调动和组织能力；收集、整理各种思想信息，制订计划，并选择时机实施计划的较高的决策能力；熟练自如地独立组织各种思政教育活动的能力；具有创造良好的谈心气氛，掌握谈心技巧方面的能力；运用各种措施，通过民主管理激励学生参与管理的积极性的能力等。

（2）分析研究能力。高校学生管理者要有较强的调查研究能力，善于接触、观察、了解、分析问题，并做出正确的判断；要有较高的理论研究分析能力，善于结合实际运用思政教育的基本理论解决实际问题，并在实践中不断发展思政教育的科学理论；要有较强的逻辑分析能力，能够运用演绎法、归纳法及科学的思维方法对经验进行归纳总结，对问题进行综合分析，从中得出正确的结论，并把它上升为理论，指导实践活动。

（3）语言表达能力。语言表达能力包括文字表达能力、口头语言表达能力和动作语言表达能力三个方面。高校学生管理者要有较高的动作语言表达能力，善于根据不同的场合和不同的对象，巧妙地运用动作姿势语言，如手势、眼神、面部表情，向学生暗示或阐明自己的工作意图。

（二）对高校辅导员与班主任队伍的要求

第一，加强辅导员、班主任队伍建设的重要意义。辅导员、班主任是高等学校教师队伍的重要组成部分，是高等学校从事德育工作，开展大学生思政教育的骨干力量，是高校学生日常思政教育和管理工作的组织者、实施者和指导者，是大学生健康成长的指导者和引路人。

第二，高度重视辅导员、班主任队伍的选聘配备。辅导员、班主任工作在大学生思政教育和管理的第一线，在思想、学习和生活等方面负有指导学生、关心学生的职责。学校要高度重视辅导员、班主任队伍的选聘，要坚持政治强、业务精、纪律严、作风正的标准，把德才兼备、乐于奉献、潜心教书育人、热爱大学生思政教育事业、接受过系统的上岗培训并取得合格证书人员选聘到辅导员、班主任队伍中来。要在保证数量的基础上，不断优化结构，提高辅导员、班主任的工作能力和水平。

第三，明确辅导员、班主任的工作要求和工作职责。辅导员、班主任的工作要求：①认真做好学生日常思政教育及服务育人工作，加强学生班级建设和管理。②遵循大学生思政教育规律，坚持继承与创新相结合，创造性地开展工作，促进学生健康成长与成才。③主动学习和掌握大学生思政教育方面的理论与方法，不断提高工作技能和水平。④定期开展相关工作调查和研究，分析工作对象和工作条件的变化，及时调整工作思路和方法。⑤注重运用各种新的工作载体，特别是网络等现代科学技术和手段，努力拓展工作途径，贴近实际、贴近生活、贴近学生，提高工作的针对性和实效性，增强工作的吸引力和感染力。

第四，大力加强培养辅导员、班主任队伍的培训。这是加强辅导员、班主任队伍建设的关键。要重点组织辅导员、班主任学习时事政策，学习管理学、教育学、社会学和心理学以及就业指导、学生事务管理等方面的知识；组织辅导员、班主任开展与工作相关的科学研究，不断提高辅导员、班主任的思政素质和业务素质。要制定并落实辅导员、班主任参加实践锻炼的具体办法，创造条件，积极组织辅导员、班主任参加社会实践和学习考察，使他们开阔视野，拓展思路，提高解决实际问题的能力，增长做好学生管理工作的才干。

第五，切实为辅导员、班主任工作和发展提供政策保障。制定促进辅导员、班主任工作和发展的政策，是加强辅导员、班主任队伍建设的保障。要切实解决好辅导员评聘教师职务问题，根据辅导员岗位职责要求，进一步完善相应的专业技术职务评聘和辅导员、班主任的考核制度，定期对辅导员、班主任进行工作考核。

要完善辅导员、班主任评优奖励制度。优秀辅导员、班主任表彰奖励纳入各级教师、教育工作者表彰奖励体系中，树立辅导员、班主任先进典型，宣传他们的先进事迹，充分肯定辅导员、班主任在大学生思政教育中的贡献。

（三）对高校"职业化、专业化、专家化"队伍的要求

1. 符合高校学生管理队伍建设的发展方向

专业是社会分工、职业分化的结果，是人类社会发展到一定文明程度所必然出现的

结果。从职业社会学来看，社会变革发展的一个重要特征就是许多职业都进入了"专业"的行列。"职业化"就是指把学生管理工作视为一种职业，把这支队伍建设为从事这一职业的教师。"专业化"是指用思政教育专业的知识和理论武装这支队伍的头脑，使他们具有较高专业素养的人。"专家化"是指要把高校学生管理者培养成为思政教育的专家，成为当代大学生的指导者和引路人。

一个职业是否专业，其特征与标准为：运用专门的知识与技能；强调服务的理念和职业伦理；经过长期的培养与训练；需要不断地学习进修；享有有效的专业自治；形成坚强的专业团体。这样的专业队伍越稳定，并且出现的专家越多，对社会的进步与发展就越有利。既然职业化、专业化是社会分工的必然结果，那么高校学生管理队伍建设的方向也应该朝职业化、专业化发展，而且，从培养高素质的社会主义建设者和接班人的目标和要求来看，也必然要求高校学生管理队伍向专家化发展。

2. 促进高校学生管理队伍自身发展的需要

高校学生管理者与其他学科的专业教师一样，是高校教师的重要组成部分。学生管理工作具有很强的科学性与艺术性，在大学生教育管理中，在工作内容上，学生管理者会运用到许多涉及大学生健康成才的方方面面的知识。作为学生管理工作者，如果没有较高的业务素质与水平，没有比较全面的知识、能力和责任心，是不能顺利而有效地开展学生工作的。而解决这一问题的关键就是实现学生管理工作队伍的职业化、专业化以及专家化，使这支队伍工作有成效、干事有平台、发展有空间，这不仅是工作的需要，也是这支队伍自身发展的需要。

3. 推进高校改革，促进学生成长成才需要

当今国际社会呈现出"政治多元化、经济全球化、文化多元化、信息网络化"的新趋势，如何应对这一新趋势，每个国家都面临着机遇和挑战。我国高校肩负着培养中国特色社会主义建设者和接班人的重任。高校学生管理队伍工作在大学生思政教育管理的第一线，高校的各种思政教育活动都要依靠他们去落实，其工作成效如何，直接影响到所培养的大学生的质量。从某种程度上可以这么说，高校学生管理队伍的素质，决定了大学生的素质。高校学生工作队伍向职业化、专业化和专家化发展，是当今高校改革与发展和学生成长成才的需要。

建设高校学生管理"三化"队伍，同时也是坚持以人为本，实施人才兴国的战略思想，把高校学生管理队伍作为我国重要的人才资源来建设的具体体现。

三、高校学生管理队伍的培养

（一）重视管理队伍的职业素质培养

学生管理工作辛劳清苦，责任重大，职业素质极其重要。要成为学生的人生导师，

一定要内强素质，外树形象，率先垂范，言传身教。一批好教师会造就一所好学校，一个好学生管理工作者会影响一批学生的未来。如果学生管理工作者事业心和责任心不够强，就会对学生的成长造成不良影响。抓学生管理队伍建设要从实际出发，制定培养规划，有计划、有步骤地进行各种形式的岗前和在岗培训，强化职业道德操守；要定期安排学习考察、经验交流活动，沟通信息，促进提高。

（二）加强管理队伍专业化学习培养

加强专业化建设，鼓励学生管理工作者成为思想教育、心理健康教育、职业生涯规划、学生事务管理等方面的专门人才。作为一名学生管理工作者要按职业要求成为学生政治上的引路人、学习和生活上的指导者、心理健康的辅导者和合法权益的保护人，光有热情和爱心，缺乏专业知识的支撑，显然是不行的。高校要切实重视学生管理队伍的职业化、专业化、专家化建设，对学生管理队伍进行思政教育、时事政策、管理学、教育学、社会学和心理学以及就业指导、学生事务管理等方面的专业化辅导与培训，开展与学生管理工作相关的科学研究，使学生管理工作者成为行家里手，工作起来得心应手。

第四节　高校学生管理信息化及其构建探究

随着科学技术和信息技术的不断发展，社会的主要生产力被信息革命所代替，因而社会在信息化浪潮的影响中发生了本质性的变革。"信息化指的是以信息技术和网络技术为基础，同时最大限度地发挥现代化信息资源的作用。"[①] 本书以信息化为背景，将信息化引入教学，探讨在信息化背景下高校学生管理体系的构建。

一、高校学生管理信息化的性质

"高校是培养优秀人才的主要阵地，高校学生管理工作也发生了相应变化，信息化的普及、应用为高校学生的日常生活和学习带来了便利条件，学生管理工作的管理效率也得到了明显提升。此外，信息化建设也为高校人才培养提供了创新思路，推动着高校培养模式不断与时俱进。"[②]

先进的计算机技术和网络技术的使用，让高校信息资源数字化、管理科学化以及校园网络化，即高校信息化的实质。然而其中信息化的基础、信息化的保障以及信息化的

---

① 刘占凯. 信息化背景下高校学生管理创新思路研究 [J]. 办公自动化，2022，27（18）：62.
② 李慧，王章硕. 信息化背景下高校学生管理创新分析 [J]. 大学，2022（20）：33.

中心分别是校园网络化、管理科学化、信息资源数字化。高校信息化是一个动态的发展过程,同时也是不停变革与优化的过程,其有益于提高教学、科研服务和管理等活动的质量及功效。

高校信息化具备系统属性,并且其自身也具有体系结构,这是对静态的组织结构形态而言。另外整体是一个组织、观点、事物、工具以及管理信息化等有机融合,这是对展现形式而言。此外完整的体系是由技术和安全保障体系、组织管理体系、信息化规范和标准体系、信息化应用和服务体系、信息资源和数据库体系以及网络平台体系等组成的,这是对体系结构而言。

二、高校学生管理信息化的要素

信息化资源和信息化人才、信息网络和信息技术使用、信息化政策法规以及信息化产业等六大因素一样包含在高校学生信息化管理中,成为一个管理领域的信息化,是一个有机整体,共同形成高校学生管理信息化体系。这中间作根基的是信息网络,中心是信息化人才,目的是信息技术和信息资源的使用,同时保证高校学生信息化管理实践的是信息化政策法规。

第一,高校学生管理信息化建设的主要内容,完成学生管理信息化的先决条件及物质基础,就是信息网络。在当前关于"数字化校园"建设的构想中国有许多高校提议了,为此也付出了行动,因此校园网络建设获得迅速发展,能够和中国教育管理网络无缝连接。此时关于学生网络实验室和计算机中心的建设力度增大,还有学生公寓局域网的建设增强,高校给学生上网提供了多种多样的方便条件,从而给高校学生管理信息化奠基了坚固的根基。

第二,高校学生管理及各种信息资源在管理过程中使用学生管理信息资源,它成功与否的重点在于高校学生信息化管理上。因此,划分学生管理软件资源是高校学生管理信息的中心,以及学生信息资源是学生管理信息系统中根本数据的中心。多媒体信息资源是多媒体素材的根基,还有各种工具资源及网络资源是学生管理信息资源的使用、生成、解决、分析和决策的基础。

第三,高校学生信息化管理建设的重要目的及根本出发点都是信息技术在高校学生管理当中的运用。高校学生信息化管理建设的主体就是信息技术的运用,这是具备信息资源与信息网络具备以后。由此可知,在信息技术的使用环节是学生信息化管理的收益的重要展现。关键要做好以下内容:①确定信息技术于学生管理方面运用的目标,同时信息技术管理应用的成效与品质有着直接联系,并做好与思想理论和方式紧密有关的建设。②信息化学生管理模式的设立要与本地学生管理信息化环境、教育管理内容以及教育管理对象相适应。③管理者和受管理者应用信息技术的基本技能要提升。④学习信息技术管理应用的重要任务是要将信息技术和高校学生管理在不同层面中展开。

第四，先行的是人才于对高校学生信息化管理而言。因此要求将掌控信息技术基本知识，同时拥有先进的学生管理观念和信息技术应用能力的学生信息化管理人才完成高校学生信息化管理。信息化管理人才具有两种含义：①在高校当中从事各种学生管理、服务和教育的各类人员有信息技术能力、素质与技术，还需要有基本的分析、取得及信息加工的能力，这是通识型学生信息化管理人才。②从事学生信息化管理物态化技术与智能形态技术的研讨及开发，对于专业人才的运用及保护，要求更细的分工。可能是网络工程师与高级软件人才等，这都是专业型高等教育学生信息化管理人才。

第五，关于信息的收集、存储、沟通及使用的手段与方法的体制就是信息技术。各种信息媒体，就像印刷媒体、计算机网络以及电子媒体等，就是一种物化形态的技术，是手段。另外使用各种信息媒体关于各种信息实行的方法是收集、存储、沟通及使用，就是一种智能形态的技术，就是方法。信息媒体与信息媒体使用方法两个因素构成的就是信息技术，而信息的数字化与信息传播的网络化就是中心。信息技术不仅是高校学生信息化管理的技术支撑，还是学生信息化管理的启动力。既能够丰富高校学生管理信息化的研究内容，同时能让新的以及愈加有效的物态技术与智能形态的技术运用到信息化学生管理当中，从而提升学生信息化管理的水平与成效。

信息技术服务业与信息技术设备制造业即信息技术产业。之所以在中国高校学生信息管理历程中，必须要不同的社会部门分工合作来达成信息技术产业的发展，鼓励学生管理科研院所、部门及有关企业等非常强的互补性的部门一同参加，这样可以让学生管理信息技术产品的开发，把学校解放出来，将精力汇集与发挥资源优势。

第六，学生信息化管理工作能够顺利实行，务必制定学生管理信息资源开发、学生管理信息技术使用、学生管理信息产业以及学生管理信息网络建设等各个方面的政策法规，这不仅是高校学生管理信息化工作的蓝图与根据，还是学生信息化管理发展的有力保证及主要条件。

三、高校学生管理信息化的构建

社会经济的繁荣发展将信息化推向社会主流，信息化的建设又促进政治、经济和文化产业的发展，信息化带动了社会各个层面的改革和创新。高等教育是治国之本，高校学生的管理模式也在信息化浪潮中不断创新。信息化提高了学生学习和生活的质量，提高了高校管理部门的管理效能，它是数字校园的推动力，是高校教学、管理、学术研究等统一的标志。同时，它创新了高校人才培养模式，带动了高校人才培养的浪潮，符合社会发展需求，帮助毕业生在社会上立足，促进经济的繁荣和发展。反之，人才培养模式的创新必将促进高校信息化管理的发展。

随着信息时代和网络时代的发展，电子产品成为纸质报纸、广播电台、电视媒体之外的新兴产物，个人微计算机、平板电脑、智能手机已融入大学生活和学习之中。近年来，智能手机的发展带动了手机网民数量的剧增，各类手机应用 App 蓬勃发展，这是中国互联网时代的标志性事件。大学生对信息化时代敏感，是手机网民的主力，他们在利用新媒体、传播新媒体信息等方面都很在行，能够快速扩散信息、收集大量信息，同时，还具有很强的独立特性和开放性。这些都对高校大学生的人生观、价值观、学习观产生了很大影响。

随着科技的进步，在 5G 网络进一步普及、智能手机和无线网络持续发展的背景下，在调研中高校在校生基本上都使用了智能手机，电脑终端在校园、公寓都能够方便地使用。新媒体促进了微信、微博、抖音、知乎等平台的广泛普及，成为公众交流信息、表达意见的自由论坛，成为社会交往的大舞台，创建了一种全新的信息传播环境。信息渠道的畅通，导致每时每刻发生的事情，都可能在第一时间传播于大学生之间，无处不在、无时不有的网络信息的存在，深刻地影响着大学生的思想与成长，也改变着践行社会主义核心价值观与传统教育管理的环境与方式。应对这一新的形势，需要从理论上研究信息化时代践行社会主义核心价值观的新要求，在实践上探索教育创新之策，扬新媒体之利，避新媒体之弊，更好地为教育管理创新服务，促进大学生在教育、管理、服务中得到更健康更全面的成长。

（一）高校学生管理信息化构建思路

1. 信息化构建的意义

（1）推进高校学生管理创新是适应高等教育大众化发展的需要。近年来，中国高校教育发展迅速，在规模和在校生人数上都有很大增长，高校内部的结构和管理也进行了优化，对学生公寓、食堂、学分要求、班级概念等都进行了革新，这些新的变化和创新都加重了高校管理人员的挑战。高校管理人员要通过不断的学习、培训、创新才能够管理好新型的高校，才能够符合时代的发展和学生的需求。

（2）推进高校学生管理创新是加强和改进学生工作的内在需要。学生管理主要是对学生思维、规章制度、学习活动等方面进行正确的引导和开展管理工作。学生的价值取向、生活方式等都受到社会和时代的影响，向生活多样化、思想开放化、经济变革性等发展。互联网对学生的冲击更是巨大，在学习方式、生活方式、价值取向等方面都深深影响着他们的行为。在这种开放的教育环境中，学生受到各种观念的影响，主观意识、民主意识等不断加强，造成学生更加凸显个性，实现自我。这种情况下，如果还是按照传统的方式来管理学生，只能适得其反。高校管理者要利用新时代的方式、按照学生的生活方式去接近和管理他们，才能够实现管理工作。要利用特殊的管理思维，在理念、方法、模式上进行创新，只有这样才能够充分发挥管理人员的作用，能够被学生接受。能够有效对学生开展管理工作。这不但是高校学生管理的基本需求，更是高等教育对教学质量提出的新要求。

（3）推进高校学生管理创新是培养创新人才的需要。随着科学技术的不断发展和进步，要想满足社会对人才的需求，必须加大对高校学生的培养力度，培养出综合素质足够高的专业化人才。要想实现这个人才培养目标，必须加大教育创新和制度改革，不仅要创新教育管理观念，还要创新人才培养模式。在高校教育当中，学生信息化管理工作比较重要，也是培育人的主要方式，学生管理创新不但是培养创新人才的需要，也是高校教育创新的主要内容之一。

2. 信息化构建的作用

（1）发挥社会主义核心价值观的引领作用。社会主义核心价值观代表着中华民族的文化和精神所在，是在信息化时代下的实力展示，又是社会主义唯物主义的表现。这就要求高校培养的人才要符合社会主义核心价值观，能够成为社会主义接班人，这是教育的本质。要借助信息化的优秀成果来实现社会主义核心价值观，帮助大学生稳定发展，这也是国家德育培养的重要内容。

高等学校坚持"育人为本、德育为先"的教育理念，就是要解决依靠什么来"培养什么人、怎样培养人"的重大问题。借助新媒体这一信息平台，在潜移默化中将社会主义核心价值观内化为大学生的价值观念，从而转化为大学生的价值追求。培养社会主义现代化建设人才，就要坚持社会主义核心价值观，以此引导大学生的思想健康成长。在大学生群体中培育和践行社会主义核心价值观，既是在高等学校进行思政教育的重要内容，也是建设社会主义强国、实现中华民族伟大复兴所赋予的历史任务。这就需要充分发挥各种教育载体特别是新媒体的作用，采用喜闻乐见的信息发布形式，激发学习兴趣，形成教育合力，提高教育效果，促进大学生思想的成熟与健康发展。

（2）构建践行社会主义核心价值观的载体。在新媒体时代，发挥新媒体信息化的优势做好大学生教育管理工作，培育和践行社会主义核心价值观，用社会主义核心价值观指导对大学生的教育，不断提高大学生的思政素质与理论水平，把他们培养成中国特色社会主义事业的合格建设者和接班人。而如何运用新媒体发挥信息化的长处是当前必须面对的富有挑战性的任务，利用青年大学生对新媒体熟悉、对信息接受反应快的特点，发挥信息化在践行社会主义核心价值观过程中的积极作用。

随着时代的发展，信息的爆炸性呈现，面对青年大学生的成长特点，传统的教育管理方法与当前大学生在价值取向、政治态度、心理发展、道德养成、行为模式等方面的变化产生了一些不适应。新媒体传播空间的开放性、自由性。新媒体拓展了教育的新平台，大学生几乎人人拥有智能手机，大多数也拥有电脑，新媒体强大的信息传播与承载功能，在教育者与受教育者之间构成了更便捷、畅通的渠道。新媒体提供了教育管理的新方式，可以通过开展形式多样的网络互动与对话活动，宣传社会主义核心价值观，了解大学生的思想动态，答疑解惑，在舆论导向上进行正确的引领。

新媒体提高了大学生教育管理的针对性和有效性。新媒体的网络平台因其虚拟性，有利于交流者敞开心扉，倾听相互的观点与诉求，提供了从侧面了解相互之间真实想法的机会，能够有针对性地加以引导与沟通，从而提高教育管理的有效性。在新媒体平台上，可以比较自由地进行信息交流，可以发布或获取各种信息、资料、图片、视频，开放性地向更多的人传播所思、所见、所想，形成自由开放的信息传播空间。新媒体在信息传播主体上具有多元性、平等性。信息传播主体由一元发展为多元体现出泛化的倾向，实现了"所有人向所有人"的社会化平等性传播，处在不同社会群体和社会阶层中的人都能通过新媒体发出自己的声音，所有的人变成平等的"信息人"，作为新媒体使用主力军的大学生更在信息交流中占据主体地位。新媒体作为信息科技手段，在方便大学生学习生活的同时，也表现出传播信息的多元性与复杂性。信息传播自由导致各类信息庞杂多样，呈现出价值多元、意识模糊、是非难分的情形，让涉世不深的大学生面对海量的信息难以有效选择，有时会迷失在信息海洋中，即使受到不良影响也很难察觉。因此，有必要教给大学生学会辩证地观察与分析各类信息，同时对新媒体的信息化形式加以创新运用，发挥信息化在大学生教育管理中的作用。

（3）发挥新媒体在教育管理创新中的功能。要想促进学生信息化管理创新，必须借助新媒体的力量，把抽象的观念具体化、大众化，还要实现学生思想管理和社会主义核心价值观的有效结合，在明确教育管理理念的基础上，将新媒体应用到学生学习的各个方面，并通过推动社会实践，开展多样化的主题活动，开展大量的志愿活动，提升学生的自身修养，外化为学生的自觉行动，规范学生的自身行为，促进学生全面发展。

第一，构建大学生教育管理的信息化宣传平台。围绕立德树人的根本任务，构建网络信息平台，建设培育和践行社会主义核心价值观的信息化阵地。随着时代的发展，新的文化观、价值观、思维方式都对校园造成了影响，校园已经带有社会风气，处于一种多种文化观、价值观和思维方式共同作用的环境中，面临着各种选择和诱惑。身处信息化高校的大学生时刻都会受到这些信息的影响，思想观念也逐渐发生变化，要避免负面的信息对大学生的社会主义核心价值观培养造成负面影响。

社会主义核心价值观在高校中无处不在，无论是在主题网站还是在线下活动中都要进行强调。并且利用符合时代发展的方式让学生接受，影响他们的思想观念、生活方式和情感交流等。要用正确的社会主义核心价值观加强对学生的引导，用学生喜欢的方式接近他们，充分利用学校相关部门、老师等渠道对学生进行动员，通过社团活动、团支部活动、班级活动等宣扬社会主义核心价值观，打造符合学生兴趣的文化活动、艺术活动以及学习、生活相关的活动，将学校官网建设成具有教学功能、公告功能、学术功能、报纸、后勤保障功能的网络平台。通过党群支部、班级的线上社交群宣传社会主义核心价值观，在践行社会主义核心价值观的时候对学生进行相关采访、讨论、设计制作等活动，以此鼓励大学生多参与网络活动，多利用计算机和智能手机上网，通过互联网的渠道将全校师生连接在一起，互相交流、互帮互助，打造高校线上社会主义核心价值观新平台。

第二，建立大学生教育管理的交流平台。在践行社会主义核心价值观的时候，要注意合理利用新媒体这一新的社交工具，要发挥信息化的有效作用，做好引导和宣传的工作。高校管理人员要培养学生的信息化新理念、新思潮，及时根据时代发展调整工作思路，将传统工作方式和时代进行结合，形成互补、互助、协同发展的新平台，帮助当代大学生掌握教育信息化的主动权。要主动探索当代大学生的教育管理特色和规律，并总结可能出现的相关问题，寻找解决方案。通过对内外部的信息进行分析，找到根除问题的办法，并培养大学生分析、解决问题的能力。在这个过程中，要合理利用网络平台进行老师和学生之间的互动和交流，通过党群组织的线上群、贴吧等社交平台，通过学校老师、辅导员的个人社交媒体和自媒体平台发布相关的信息，如腾讯 QQ、邮箱、博客等。通过网络的引导组建高校的新社交圈，实现学生管理、答疑、服务、沟通等功能。打造网络学习、思想教育、信息交流、服务管理的服务平台。由此可见，高校管理人员可以通过收集网络相关的反馈信息来总结相关的问题，并提出解决方案，通过这种线上的交流模式，更加便捷、快速地帮助学生解决有关学习和生活中出现的各种问题，加强高校师生之间的交流，增进师生感情。

在进行社会主义核心价值观的普及和教育过程中，要充分利用信息化平台的作用，开展主题教育活动，学习关于中国特色社会主义、核心价值观等思想，为中国人民的长远利益、根本利益、全局利益谋发展。

在有关教育活动中要通过具体的主题交流活动来践行创新思维理念，可以针对班级开展作文大赛，面向全班同学征集有关中国梦、青春梦的主题作文，鼓励大学生放飞梦想、畅想未来，为中华民族伟大复兴刻苦学习、积极向上。要在班级群里推广和宣传时事热点、政治新闻的信息，让大学生多渠道了解国家思想动向，立足于社会主义核心价值观，提高全体学生的政治觉悟。一旦出现相关的问题，要及时分析和通报，好的地方进行表扬，不好的地方共同商讨对策，找到解决的办法，通过这种方式促进班级团结。可以通过微信、微博等自媒体渠道发布和转发有关正能量的文章，鼓励学生积极向上、激发学生的斗志。在这个过程中，要注重培养学生的民族自尊心、民族自豪感和民族自信心，端正学生的价值观，培养正确的人格和优良的品质，并不断追求自我价值。通过社会主义核心价值观的引导，培养大学生的正确世界观、价值观和人生观，将自己个人的发展同祖国的繁荣复兴结合在一起，树立远大目标，肩负起中华民族伟大复兴的重任。

3. 信息化构建的思路

在新的时代下，针对大学生出现的具有时代性的问题，要用何种方式来进行管理和解决，并在这个过程中提高大学生的素质，已经成为教育工作者重点关注的内容。传统的教条式教育方式已经过时，不符合时代的特性，要通过创新思路和理念来开展新的管理工作。

（1）树立高校人本教学观念。要加强情感教育，在日常的学习、生活中加强对学生的思想引导和情感沟通。首先，要以人为本，充分尊重学生。其次，教学过程中要注重情感交流，将情感融入教学中，达到教育的目的。再次，要充分尊重学生，以感情因素来打动学生，充分引导学生正向发展，在教育和管理中做好转化。最后，通过情感交流来引导学生的思想，要经常性对学生进行褒扬和激励，帮助学生养成高尚的道德情操。

第一，树立师生间平等意识。要想促进师生之间的良好交流和沟通，必须采取有效措施，改善师生关系，对于师生关系来说，对应的是平等的关系，是基于人格平等上的合作交流关系。在师生关系建立当中，必须凸显出学生的核心主体地位，教师要起到良好的引导作用，学生才是学习的主人。在具体的教学管理活动开展中，教师要让学生学会自我管理，不要进行过多的干预。

第二，建立针对性的制度规定。制度建设是班级管理中的重要举措，但是制度的制定与实施，应适应不同班级的特点，符合大学生的年龄特征，而不能以检查、纠偏、惩罚为目的。

第三，尊重学生的个性差异。针对素质教育来说，其核心是个性化教育，针对不同的学生而言，是存在一定差异性的，要想从根本上提升教学效率、保证教育成功，就必须尊重学生，采取个性化和专门化的教育方法，针对不同的学生，要相应采取不同的教学方法，通过加强个性化教育，可以为学生创设良好的学习环境和学习氛围，从根本上提升学生的思维创新能力。

第四，树立"学生是发展中的人"的意识。处于教育阶段的青年学生身心尚未完全成熟，通过他们的成长规则可以看出还处于不断发展和成长的过程，有待开发潜质和技能。在学习过程中，除了与生俱来的遗传优势外，环境对他们的影响也尤为重要，从身心两个方面而言，遗传因素、环境因素、教育手段是共同作用于学生的成长的，在三者的作用下，学生身心逐渐发育成熟。这种成熟的发展是不固定的，波动非常大。所以，学校老师和管理工作人员要从学生的角度出发，不要按照成年人的要求、自己的标准和固有观念去教育和指责他们，也不能对其不管不问，要针对学生不同阶段的心理变化进行有针对性的引导和教育。

第五，培养学生的责任意识。学生的道德教育是班级管理中的重要内容。一方面，不能抑制学生的独特性，要培养他们正确的观念，打破等级观念的束缚；另一方面，要培养学生的大局观，引导他们牺牲自我，实现大我。

（2）强化以学生为本的教育管理观。教育活动是根据教育理念开展的。在进行学生管理变革时，先要发扬"以学生为本"的观念，充分尊重学生的个性，鼓励全体学生参与，这是做好管理工作的基础。现代管理学指出，人这种资源是最核心的资源，是管理工作中的第一要素。学校管理人员要将学生作为所有工作的重心，要以学生为中心开展活动，充分尊重学生、关爱学生、鼓励学生，要时刻不忘满足学生的合理需求，并引导他们开发自身的主动性、创造性和积极性。总而言之，就是要在学生管理的过程中充分了解学生需求，帮助学生提高综合素质和专业技能。管理要具有民主性和主观能动性，使学生意识到他们是管理的核心，除了被管理，还有管理的职能。要帮助学生培养对自我的管理、教育和服务。

高校学生管理工作具有全员参与性，所有的高校成员都在其中有着自己的作用。在管理工作开展过程中，单独依靠管理部门的努力是不够的，要充分发挥各人群的主观能动性，鼓励他们主动加入高校管理工作中。要充分加强高校管理部门的教育意识和管理理念，积极邀请校内专家、社会优秀人才参与到高校的管理工作中来，同时要在学生群体中培养学生管理团队。在多方共同参与协助的管理模式下才能够实现高校、社会、家庭三者协同发展的新局面，才能够将高校的服务职能、管理职能、教育职能充分结合，形成新的管理合力。

（3）构筑学生管理信息创新平台。随着数字校园和网络校园的发展，高校已经成为网络用户最多的地区，大学生是数量庞大的网民。新时代下的互联网给学生带来了极大的帮助，已经成为学生日常学习中获取知识的途径，对他们的人生观、价值观、世界观产生了深远的影响，但是却加重了大学生的管理工作。高校管理人员要进行计算机相关知识的培训，加强网络知识的学习，并在学习过程中掌握新的方法开展学生管理工作。在管理中，提高自身的信息化技能、科学化技能，这样的管理方式才能受到学生的喜爱。

首先，要构建学生信息数据库。新时代下，信息是管理的核心，熟悉学生的相关信息是管理工作的第一步。所以，新生入学时，就要对学生进行相关信息的采集、整理、登记、上传工作，特别要注意特殊学生如贫困生资料的收集。之后针对学生的成绩、奖惩情况、党团关系等进行更新录入，保存为电子档案，为日后查找学生信息提供详细资料。其次，打造学生管理服务平台。可以通过线上渠道对学生进行管理，在网站、腾讯QQ群、微信等社交媒体上开展管理工作。学生的管理服务平台要符合学生的需求，贴近学生的思想、生活和学习。要采用民主、平等、开放的形式开展网上讨论，扩大讨论量，打破区域限制。改变传统的单向沟通机制，实现双向沟通，这样有助于提高学生的讨论积极性和发挥学生的主观能动性，能够增进管理工作的亲切感。

（4）健全学生管理机构的创新运行。学生的管理团队在高校管理工作中发挥着重要作用，他们是主要的执行人员。管理机构作为整个管理体系的坚强后盾，通过发展学生管理团队、健全学生管理机构促进高校管理资源的合理分配，为学生管理机制创新贡献力量。现阶段，高校管理团队主要以班主任和辅导员为主，学生的管理水平反馈的就是他们的管理效果。学校应该从辅导员的优势出发来构建和整合学生管理团队，打造更高水平的管理平台，根除学生的应付思想。在奖惩制度上也要进行加强，激励管理团队的斗志，培养岗位责任感。高校的党委学生工作处是学生管理的指导机构，他们主要负责学生工作的安排和执行。作为执行单位，要充分发扬管理的公平性，要更加细致地管理学生，并完善相关的线上线下管理办法。通过这种多方的机制革新，明确管理的目标和职责，并将管理人员中的辅导员、班主任、学生团队进行有机结合，及时沟通，进行有关工作的汇报、反馈和相关问题的探讨，这样才能够更加细致地开展管理工作，达到更好的管理效果。

（5）建立多维主体的学生管理体系。通过相关的规章制度、行为准则和管理办法对学生进行思想和行为的教育，并培养学生的思维能力、学习能力等，这就是高校学生管理。学生的思想和行为是受到多方面影响共同作用的结果，因此，在对高校学生开展管理工作时要进行多方面的管理。在这个过程中，学生是主体、公寓是学生的重要环节，家庭是重要的辅助手段。

第一，学校是学生管理的主体。对于学校规章制度以及相关管理方法来说，是可以对学生学习行为起到导向作用的，在具体的高校学生管理当中，必须在结合学生思想特征和实际情况的基础上，明确科学合理的人才培养目标，还要在结合学生身心发展规律的基础上，实现刚性管理和柔性管理的有效结合，凸显出思想教育的激励价值，营造出良好的教育管理氛围。

第二，公寓是学生管理的重要依托。学生公寓是学生学习、生活、社交、娱乐的重要场所，更是连接学校和社会的纽带，近年来，大学城和大型学生公寓的发展使学生在思想、价值取向等方面都有了很大的变化。大部分学校在学生公寓中成立了管理中心，加强了对学生的管理力度,从方方面面都能对学生进行监督和管控。管理中心在公寓管理、公寓文化建设方面都有正向的推动作用。学校的相关管理单位、学生组织要加强学生的沟通和交流，网上汇总学生的相关问题，并探索解决方案。避免学生在公寓活动和相关管理工作中逃避责任，提高管理的效率。

第三，家庭是学生管理的重要合作者。要想加强高效学生信息化管理，还需要学生家长的配合，高效教师必须加强和学生家长的交流沟通，创新并完善学生家长联系制度。例如有的家长在保持电话联系的同时，还发邮件或登录学校有关网站留言反馈学生的信息，交流教育经验，为推动学生管理起到了积极的作用。通过严格遵循学生家长联系制度和标准，可以从根本上促进高校学生管理工作的有效落实，还可以扩大学生管理方法的应用范围，从根本上优化学生管理效果。高校学生管理创新工作难度是比较大的，针对高校学生管理人员，必须在结合信息化思维特点的基础上，不断创新和完善学生管理方法，还要及时了解学生管理变化情况，从根本上推进学生管理创新。

（二）高校学生管理信息化构建内容

1.思想理念方面

高校学生管理工作创新的基础和前提是理念创新。理念是高度凝结的集体式智慧，核心是自主创新能力，既强调外在显性理念，还强调潜在的隐性理念。高校学生管理工作的创新，要让学生管理工作人员都能够与时俱进，及时更新个人理念，形成创新高校学生管理事务，提升管理工作效率的新理念。更新高校学生管理创新理念的具体途径有以下方面：

（1）领导者要有与时俱进的理念。高校的信息化建设是一项需要消耗巨大人力、物力和财力的工程，同时还需要众多的职能部门以及相关的一线工作人员参与其中。所以，高校在实施学生信息化管理之前，首先需要进行合理的科学性规划，除此之外还需要领导者能够清楚地认识当前信息化的趋势，正确地看待时代的发展潮流，具有大局观，跟随时代发展的脚步，对高校信息化建设给予足够的重视，严格监管其规划和部署。相关领导应当做到从自身做起，对信息化理论有关的先进观念积极主动地学习，对全局进行统筹规划。除此之外，还需要通过充分的调研论证，根据学校的特征来制订相适应的信息化建设方案，树立长远的目标。许多高校提出校级信息化管理需建设专门的管理机构这一观点，为了能够实现统筹建设信息化发展这一目标，同时也是为了能够帮助大家更加透彻地对办学目标以及采用的策略进行理解，确立首席信息官这一负责校园当中信息化建设的角色。

　　由此可见，领导角色理念的加强建设对于信息化建设的成功是十分必要的，先进理念对于信息化建设十分重要。领导干部应当给予学生信息化服务建设充足的重视，从源头出发使用目标管理以及过程激励两种方法，使全员都能够加入信息化建设之中。在开展信息化建设的过程中，对于系统动力学的应用十分重要，在建设管理的过程中融入项目管理思维，其主要目的在于具体化地运作信息化管理过程，对信息管理资源进行配置以及平衡整体性管理系统的应用，这对于整体优化学生工作管理能力具有促进作用，可以提升学生管理工作效率。

　　（2）管理人员要有加强服务意识理念。高校内的信息化系统服务于校内的所有人，其使用主体就是校内的管理人员。在信息化建设的过程中，高校教师参与网上办公正是一个重要的方法。高校管理人员应当着重培养自身的服务意识，从服务的角度出发，为信息化办公系统的进一步完善提升提供合理化的建议，从而改善信息化系统。相同的是，在我国大多数高校之中，管理人员并非教师阶层，其专业可能是不同的，一部分非信息化相关专业的管理人员相应的能力水平是比较低的，所以，对这一部分人而言，使用信息系统具有一定的难度，在使用的过程当中往往会出现各种各样的问题，传统的办公模式才是他们所熟悉的。因此，在信息化建设的过程中，高校需要重视加强对于学生管理工作人员的相关培训，从而帮助其形成自觉使用信息化平台。信息管理人员应当加强对于信息化本质的理解，紧跟信息化发展的步伐。

　　（3）学生要积极使用信息化系统。应用现代化信息手段的优势在于，既能够帮助学生大幅度提高学习效率，同时还可以帮助学生培养学习的灵活以及自主性。目前部分高校已经开始使用校园一卡通，它的大小与普通的银行卡相似，其中包含有学生的诸多信息，例如借书卡、饭卡、学生证等，使学生生活更加便利。与之相同的是，学生的学习生活也因为大量信息终端的介入而充满了大量信息化内容，这样的改变使如今对于学生信息化素养有了更高要求，同时也带来了明显的优势。在现实中，学生对于新事物的接受能力是较强的，因此对于使用信息化产品也会更加热衷，从高校学生的性格特征以及心理特征角度进行分析，高校仍然应当注重培养学生的信息化素养、正确引导学生进行资源的开发以及应用，使学生能够对不良信息产生免疫。

　　（4）技术人员要树立服务意识、合作意识。在对高校信息化进行建设以及维护的过程中，信息技术人员发挥着主导作用，所以高校应当保证相关技术人员时刻跟随科技发展的进度。由于受到专业的限制，技术层面成为许多相关工作人员进行工作的出发点，这也导致其无法准确地对各部门的需求进行把握。所以，高校当中的信息化技术人员和普通技术人员之间存在着差异，对于其服务意识的培养应当给予足够的重视。在进行调研时，首先应当同行政及其他管理人员和学生进行沟通交流，了解不同人员所具有的不同信息化需求。使用信息化产品时，信息化技术人员应当能够准确地把握产品，同学校实际情况相结合，提升其创新以及务实性，从技术层面出发、同时结合实际应用当中所产生的需求来综合性地对信息化进行设计。

在高校学生信息化管理当中，还要严格遵循"以人为本"原则，关爱学生和保护学生，促进学生的个性发展，从根本上提升学生的独立思考能力，加大对学生全面发展以及学习需求的关注度，旨在促进学生健康成长和高效学习。

信息技术同时具有通信以及自动化的功能，这对于各种管理应用系统的构建是有着帮助作用的，可以进一步提升管理效率。除此之外，超强大的交互功能以及通信功能可以保证与学生沟通的畅通无阻；通过对信息技术的应用来实现各类应用平台的建设，对管理机制不断进行创新，不断加强管理以及服务水准，最终使网络具有传承人类道德普遍价值的功能。高校应当对建设网络平台给予足够的重视，围绕人类道德普遍价值教育这一问题，开展相关的网上交流、教学、论坛、辩论赛等，并通过校园的论坛、博客等进行有关信息的报道，在不断地交流渗透过程中积极引导树立正确的价值观，从而完善网络平台，加强民族精神，提升网络所具有的影响以及宣传能力。

2. 业务流程方面

中国高校的核心重点是为国家培养和输送人才，高校的学生事务是高校的重点业务。新生入学时，从报到注册、学籍资料整理，到后续就业指导、实习支持、心理疏导等工作需要各个部门协同处理。就新生报到流程而言，学校管理部门、学院、学生处、资产处、财务处、保卫处、网络部门等都需要加入迎新工作中。这些部门如果实现了联合办公，新生报到的手续将会顺利很多。现阶段，高校学生事务的效果直接反映了高校的办学和管理水平，随着高校信息化的建设，学生事务需求越来越多样性，因此，要对高校学生事务的流程进行简化和创新，以满足学生的特殊需求和时代要求，学生和管理人员工作的匹配度是重点内容。高校信息化的发展需要教学部门、财务部门、安保部门要全力合作，以此创新管理办法，从中我们看出高校学术观念管理的信息化本质上是对流程的规范。想要实现高校学生事务管理的变革和创新，就要找到管理工作中的缺陷所在，要始终将优化学生管理流程作为重点，突破传统的职能导向管理办法，将传统管理的优良传统和现代的管理办法进行整合、消减等，达到管理的最高效率和流程简化。

高校传统管理流程没有与时俱进，存在很大的缺陷，主要有四个方面：第一，由于流程复杂增加了工作量，导致工作效率低下。传统的高校管理模式是金字塔式的管理模式，太多的管理层导致信息传达不及时，反馈信息无法上传下达，各个部门的矛盾也日益增强，整体工作效率得不到保障。第二，高校各个部门都以自己的部门为重，不考虑团队协作，相关的信息没法及时传递出来并得到相应的反馈，信息化的高科技效果没有有效发挥。

第三，学生管理流程没有根据信息化的需求变成现代化的高科技手段，传统的手工方式没有足够的空间应对监察，存在诸多不透明的操作。第四，学生资料收集的过程中，大量的重复性工作给辅导员增加了额外的负担。

传统流程要从以下方面进行改进：

（1）要在信息平台下实现组织结构扁平化。高校学生的管理是在专业调研数据的支撑下开展工作的，在高校和简化的管理流程建立之后，要减少管理层的数量，让整个组织架构轻便易操作，在提高管理效率的同时，缩小校领导和学校老师、学生之间的距离，以此来优化组织结构。通过流程型组织结构的建立，以目标和任务为指导开展工作，重视各个流程阶段对于工作的分配和人员布局。这种形式加强了各部门的沟通和交流，使得信息上传下达通畅无阻，各部门的优势在流程中不断得到体现。例如，传统的管理模式中，校领导想要了解学生的情况，需要通过从职能部门到各学院到辅导员到学生干部等层层反馈才能得到准确的信息。在信息化时代下，校领导可以直接查看学生的相关信息，不仅节约了校领导的时间，还可保证获取到的数据的真实性。

（2）要在现代信息技术的网络化基础上构建协同管理的平台。高校管理工作是一件细致的工程项目，信息技术是保障项目顺利执行的重要手段，通过构建协同管理平台能够对获得的各种信息和资料进行管理和个性化处理，借此来克服以前部门之间资料浪费严重的问题，实现信息的高效共享。目前，大部分高校开始构建数字校园，在先进的科学技术、互联网技术的配合下，高校学生管理的工作全面实现数字化处理，通过信息化的管理方式和信息传递模式来减轻教育的负担，推进教育管理工作的规范性和科学性。

（3）对相关业务进行集成，简化业务流程。在完成协同管理平台构建之后，就要对业务流程进行优化和创新。可以通过清理无效活动、综合任务考察、流程顺序简化和技术自动化等途径来开展工作。要保障信息来源的统一性，避免信息传递造成失真，以保障流程的效率和真实。在各部门间的沟通和交流上简化结构组织，将相似功能的部门整合成一个部门。相应的活动也进行综合处理。在处理学生信息时，信息的公开化很好地解决了传统工作中众多中间层的传递，计算机的自动化处理功能代替了人工的统计、录入工作，将学生的工作重心转移到信息的加工和二次开发上，提高了解决问题的效率。

3. 组织结构方面

在信息化逐渐普及的背景之下，高校学生管理组织的创新结构能够为其发展提供强有力的支持。管理的信息化并非指在目前基础上加入计算机、多媒体设备或相关的软件，而是应当基于现代大学管理理念不断地优化调整高校学生管理各资源以及环节，进行科学的定位，对信息流程进行合理化设计，从而确保在网络环境当中各种资源传输的及时与准确，能够为各项管理工作提供坚实的基础。所以，高校想要进一步实现学生管理信息化，首先应当在组织结构所具备的原有基础之上进行进一步的更新设计。

目前，高校信息化建设过程中所产生的发展趋势是：成立相关工作领导小组或是委员会，增加信息主管（CIO）这一岗位，由高校一把手直接进行领导，并对校园信息化建设主要负责。在实际工作的过程中，CIO负责信息标准以及政策的制定，管理全校的信息资源、对各个职能部门以及行政管理人员进行协调，从管理这一角度出发，对信息技术进行选择和使用，通过对信息资源的反复筛选和深度挖掘来完成对数据的准确利用。信息化组织体制具有CIO结构后既能够对管理体制的改革起到促进的作用，同时还能够帮助调整学校专业结构，从而促使高校的管理决策层得到进一步的提升。除此之外，还需要保证同时进行信息化领导小组的进一步完善与信息化组织结构调整。

（1）组织的主要结构。

第一，直线型层级结构。从我国的目前状况来看，高校当中所存在的学生工作组织结构，其主体为校院两个管理层级之间相互结合的管理机制，是一种直线型层级关系。这种层级结构对于相关职能部门以及院系的快速控制主要依靠决策的快速性和指挥的灵活性，使得校内的资源能够进行有效的整合，从而使得全局工作能够顺利进行。不过这样的管理过程也存在弊端，导致多层领导出现条状分割状况，职能之间会发生相互重叠，另外一个问题就是沟通协调存在着困难，对于多部门参与的过程中，横向协调性至关重要，无法专业化地对工作进行指导，就极其容易导致负责领导以及非负责领导都不会进行管理的状况。由此我们可以发现，直线型层级结构当中具有较大的组织跨度，这导致了学生工作的管理很难由党政一把手进行完全的控制。教学科研往往被当作高校的中心工作，相较于学生管理工作，被认为更加重要。

从另外一个角度来看，高校学生工作信息传递通常需要经过多个层级相关管理部门人员，流程相对冗长，在这样的环境下运用直线型层级结构极易导致信息传递的不顺畅，甚至会导致传递出现障碍或者是信息失真。最后一点是，党委领导下的学生工作部门的主要任务是对包括辅导员在内的学生工作人员的评价考核，不过院系才是辅导员用人权限所在，这样很容易导致人事分离的状况，管人和管事无法由同一个部门进行。

第二，横向职能型结构。我国目前仅有少数高校在应用横向职能型结构，其主要特点包含有条状运行机制和一级管理体制，参考西方高校当中的学生事务管理模式。由于这种结构的管理机构设置以及管理权限分配是在学校层面来进行的，依据分工的不同由不同的职能科室来面对学生和社团开展工作，学生管理工作最大的特点在于多头并进以及学校直接开展。与之相同的是，管理层级因为大的组织跨度、管理的扁平化以及分工的明确性而得到了减少，工作职能得以向学生延伸，降低了横向协调的难度，增加了指挥的灵活性，增强了决策者对于管理的影响。不过在这样的组织结构当中，专业化以及管理层次的缩减会导致相关工作人员对其过分重视，增加工作强度和心理压力。这种大负荷工作极易导致工作效率的降低，在院系当中沿用辅导员制度会导致隶属关系的模糊，进而使辅导员无法明确自身的工作职责。

（2）网上业务协同矩阵的管理结构。矩阵结构普遍化是目前国际著名大学组织结构取向的一大特点。如今，越来越多的高校加入数字化职能校园建设当中，这也使学生以及教师的信息化素养得到了大幅度提升。由于高校当中的部分职能部门无法实现部门内部的业务协同以及信息的共享，因此逐渐转变为跨越应用、处室以及职能领域的业务协同以及信息的共享。在学生工作当中，网上事务处理方式以及信息服务的现象正在逐渐增加，其中包含有后勤、教务、财务等多个部门。过去高校毕业生在进行离校手续办理时，需要携带纸质的离校单在校内的各个部门进行盖章。如今在应用离校系统之后，不同部门之间的协同工作使毕业生能够通过网络完成离校手续。

系统当中的工作流可以实现学生办理离校手续时相关的不同部门的协同工作，学生在线提交申请，可以提升离校手续办理的速度。在进行奖学金评定时，通常需要综合学习成绩、品德等多个方面进行综合考虑，此时学生处以及教务处之间的相互配合，可以提升问题解决的速度。校园一卡通系统被众多高校应用，它既是学生的学生证，同时还是门禁卡、图书借阅证等，其制作与发行通常情况下是由网络中心来负责，学生以及教职工的相关信息通过不同部门数据库中的数据，进行横向整合，使一卡通能够对校内的各个部门的信息进行共享，实现联合办公。

在中国的大学当中，矩阵管理结构的建设因为信息技术的普及应用而有了发展的空间。可以确认的是，我国大学当中当前的信息化发展不够完善，接下来还需要一段漫长的时间来完成对于信息系统和相关管理结构的建立。不过目前许多高校已经开始进行新岗位以及部门的设置，重组业务流程，例如完成信息化办公室的建立从而促进信息化建设，组建学生信息综合服务中心等，从而推动信息化的完善进展，借助通信系统将本来由不同部门分别进行的工作协同完成。

第一，学校的信息化平台。信息化平台应当对所有与学生密切相关的部门进行统筹管理规划，其中包含有教务处、图书馆、财务处、就业指导中心，等等，根据平台的不同来对功能模块进行合理的规划，根据学生的基本信息来进行学生电子档案库的建立，其中可以包含有在校期间学生的学习、获奖、生活、获得的资助以及违纪情况，等等。既保证功能的发挥，同时还能够对学生的在校表现进行综合性的反馈，直接展现学生在校期间的真实情况，客观地对学生综合素质进行评价。在建立数据统计平台的过程中，学生基本信息的统一性是至关重要的。

　　所以，保证学生基本信息一致性对于学生电子档案库的建立十分重要。这些信息包含：姓名、出生年月、性别、经历和生源地等不会改变的基本信息，同时还包含有家庭成员基本信息以及家庭基本情况在内的会发生变化的内容，除此之外学生获得奖学、助学金的情况和实习培训情况。以上信息在被提交之后需要学生处以及院系进行审核，根据学校情况的不同，可在特定时间由学生对数据进行更新修改，并由相关部门对其进行审核。除此之外，想要实现对学生情况的全面记录，还应添加一些平台功能，例如学生进出公寓和图书馆的情况、借阅情况以及消费情况等，从而使调查统计分析更加便利。

　　第二，数据收集和数据分析的功能。从数据来源角度进行分析，应保证其直接性和客观性，这样对于后期的调查统计分析是有利的。经过统计分析可以帮助我们更加直接客观地对学生的在校情况进行综合性评价。例如，通过校园卡了解学生的消费情况并将其和贫困学生的信息进行相互比较，从而完成对于贫困学生情况的科学核查，进而调整补助的发放情况。或者对学生进出图书馆以及借阅的记录进行调取，将其与学生的成绩进行比对，从而有效地完成对于学生阅读及学术研究分析。统计学生就业情况，并将其同学生的在校情况进行结合分析，从而找到帮助学生提升个人综合素质以及就业能力的有效方法。对不同部门的数据进行同步的交叉比较，可以发现教学以及其他学生事务进行管理的过程中所存在的问题，进而对教学管理以及学生工作给出更多宝贵意见。

　　第三，权限分配。在对权限进行分配时，可以根据角色的不同来进行，根据工作人员所在部门、职务以及工作内容的不同，分配不同级别和内容的权限，细化操作环节，保障操作安全。这样的学生管理系统可以提供给包括学生本人、辅导员以及事务管理部门人员使用，能够授予其他相关人员进行查阅的权限，可以更加便捷地对学生的学习生活情况进行了解。

4. 技术支持体系方面

　　（1）加大硬件方面的投入。学生管理工作信息化的硬件设备包括电脑、互联网设备等，学校要加强技术设备和设施的完善。高校学生管理信息化要符合国家的相关法规和科技指标，贯彻"基础网络保障、核心计算功能、应用精神指导、安全性能保障"的思想，时刻关注行业动向，掌握信息化核心技术，进行创新和改革。要鼓励高校管理信息化的模式创新，加强实验和尝试，将校园网络布局为主网络，在网络技术和各种信息化系统的协助下，开拓实用性功能，将办公系统、无限资源、网络环境等进行传递和共享。要加强硬件设施的资金投入和技术投入，要寻求校企合作，全面加强学生管理信息化的水平。

　　（2）创建"智慧校园"。高校中，数字化校园的实现将教学和管理工作推进了互联网时代，为高校学生带来了便利性。近年来，世界各国在信息化技术发展的浪潮中都开始高速发展互联网和信息技术，在应用和发展方面改变了人类的生活方式，给各种职业带来了全新的变革。同时，信息化时代带动了智能时代的到来，智能技术在生活中随处可见，智能交通系统、智能电网、智能医疗器械、智慧食品、智慧城市、智慧基础设施等将地球推进了智能化发展时代。"智慧地球"的概念也带动了智慧城市和智慧校园的发展进程。国内一批高校在信息化、智能化技术的带动下组建了智慧校园，如南京邮电大学。为高校学生管理工作提供了新的操作模式。

（3）创新学生管理工作。学生的安全工作是高校的核心与重点，平安校园的建设是高校目前的工作重点。高校现阶段要考虑的是如何在不影响学生的正常学习和生活的情况下，保障他们的安全。现阶段，物联网在高校环境中的应用与日俱增，物联网通过无线数据侦测对事物进行识别和信息收集，并按照预先设定的程序进行处理并反馈给用户。高校的日常管理工作中，如果在教室、公寓、食堂、图书馆等地方布局识别系统，学生的一言一行都能够被实时监测，并反馈给有关部门。感应系统在公寓的应用作用更大，学生通过一卡通就可以随意进出公寓门禁系统，方便了学生管理和生活。

（4）"物联网"的应用充分保障了学生的安全性，避免危险事故的发生。通过在不同的区域和手机系统中装载射频识别（FRID）芯片可以实时提醒学生要携带的东西。图书馆的借书、归还、搜索等也可通过FRID读取。位置服务系统LBS是一项高新技术，据专业调研数据显示，目前学生基本都有手机设备，并且80.3%的手机为智能手机，这给LBS提供了良好的安装环境。LBS在日常学习和生活中的应用广泛，它是学生为了提高效率主动运用的一种技术，这也是它和物联网的区别所在。上海财经大学开发了一款iSufeApp，它是基于学校地图的基础上发展起来的一款精确导航技术，可以通过手机的定位找到学生的精准位置。针对自习室的查找和空教室的规划等也很有用，这项技术提高了学生生活和学习的效率。

（5）加强学生思政教育。深化学校学生思政教育，全面提高师生的思政意识。利用学校网站、校园官方微博、微信、腾讯QQ等宣传平台及聘请专家讲座等形式进行宣传教育。宣传教育的重点主要是学生思政、国家安全、国际形势、民族发展等。利用"4•15"（全民国家安全教育日）、"12•4"（国家宪法日）等重大节日和纪念日开展宣传教育工作，提高师生思政觉悟，学法、知法、用法意识。努力建设以人为本、关注学生意识形态、关爱生命的校园政治文化。

5. 管理手段方面

（1）适应发展需求，创新管理方式。随着信息化的发展，高校管理模式也要发生变革，才能够符合当代学生管理的新需求，找到管理学生的新形式。高校信息化工作开展之前，要通过专业的信息化小组对项目进行专业管理、目标确认、奖惩执行和系统动力理论，通过结合项目管理的相关理论和实际经验全面管理项目，以期达到项目预期效果。管理需求的更新必然导致信息化项目的改变，主要是在流程和结构上进行相对应的更新，在不同的管理形式下需要不同的软硬件设备支持。所以，高校学生信息化管理的前提是要熟练掌握传统的管理模式，并找到与支持设备的匹配处。除此之外，高校管理人员要注重网络的开放性，要从传统手工的方式转化为互联网的形式。高校学生管理人员要加强信息技术知识的学习，创新高校学生管理的新形式和新途径。

（2）利用信息化平台，提升精细化程度。精细化主要是在学生管理工作中要做到细致、精准，精益求精，要树立超高标准，要细致入微。要将信息化技术应用到学生管理工作中，推动整体水平的质量，并注重学生的个性发展需求，帮助学生全面发展。工作以学生为中心，注重学生个性的发展和个人的指导，全面提高教育效果。学生管理工作的精细化是一种目标、是一种态度、更是一种形式，是一种精耕细作的操作模式，是对学生的全面培养，对信息化技术的全面应用。要充分利用信息化平台的优势，来为教育工作提供动力，帮助学生管理工作实现精细化管理和服务。

（3）抓好队伍建设，提高人员素质。信息化时代下，为了保障高校学生管理的水平、完成人才培养的任务，需要组建专业的高质量信息化管理团队。这个团队的组成人员既要有专业人士，又要有非专业人士，更要涉及多领域的人员。首先，队伍除了具备基本的管理理论素质，还应该具备互联网和软件开发等技术水平，同时还要具有创新精神和创造力。其次，工作管理体制要与人才培养的目标相匹配，并能够及时进行调整。要明确流程顺序，分清各部门职能，要加强管理部门的决策能力、发挥管理人员的主观性和积极性。最后，要针对团队成员进行专业的培训，并创建长期的培训机制，发挥团队的特色，广泛涉猎多学科知识，以老成员带动新成员的模式进行培养。让高校管理人员不仅提高自身的互联网技术水平，还能够提高信息的优化组合管理能力，共同保障高校学生管理系统的运行。

（4）加强安全管理，完善信息化保护体系。高校学生管理要重视信息系统的安全性和保密性，这是学生管理工作中的重要内容。首先，要充分考虑各个高校的网络信息安全性，配备与之适应的软硬件设备、安全防护系统等。其次，要设定严格的等级权限制度，根据不同的部门和身份创建不同的职能账号和权限，避免出现交叉重叠的权限设置，要确保所有工作人员管理好账号安全，避免泄露。最后，要出台相关制度和规章维护信息安全性，针对信息泄露、非法侵入学校管理系统等行为制定相应的惩罚制度，保障学生管理系统的安全性能。

第四章　大数据背景下高校行政教育管理信息化

第一节　高校行政管理组织及内容机制

"高校行政管理主要是高等学校为了实现学校教育工作的目标，依靠一定的机构和制度，采用一定的措施和手段，发挥管理和行政的职能，带领和引导师生员工充分利用各项资源，有效地完成学校的工作任务，实现预定目标的组织活动。"[①] 高校行政管理对教学和科研活动都具有辅助性的作用，是高校正常运行与发展必不可少的部分。

一、高校行政管理组织

（一）高校行政管理组织的主要作用

各高校得以进行教育和科学研究的首要条件就是高校行政管理的实施，而各高校的行政管理在其管理体系中起着最基础的作用，而在管理系统中，最为突出的就是指导调节和约束功能。如果将各高校的教育行政管理剔除，就会导致各高校在教育职能中出现很多问题，教学和科学研究也没法正常进行，各种工作会停滞，整个高校将会出现教学质量下降、科研成果减少等一系列的问题。所以，我们要保障好、协调好、激励好高校行政管理的发展与改革。

第一，各高校的行政管理工作的保障性，主要表现在高校行政管理的服务性功能上。各高校的行政管理工作涉及整个高校的运转，几乎各高校的所有事宜都离不开行政管理。即使是一件微不足道的事情，如果管理上出现问题，也会导致全局出现问题，进而阻碍工作的进展，降低工作效率。所以，要想切实地保障各高校行政管理的发展与改革，对

[①]　王琪. 高校人力资源管理与行政改革研究 [M]. 北京：北京工业大学出版社，2018：125.

于各高校的行政管理工作来讲，就是要积极地发挥好其服务性的功能，将它的服务性功能运用到工作中，处理好各种关系。

第二，各高校的最主要目标就是为国家培养人才，而高校必须通过对大学生进行教学、管理和服务来实现这一目标。而高校对大学生进行教学、管理和服务，离不开高校各部门的协调运转，各部门之间由于具有较大的差异性，难免出现各种不协调的情况。这时各高校的行政管理部门就要切实地发挥自己的作用，认真地处理好各部门之间的关系。各高校的行政管理人员，在其行政工作中，一定要树立教学和科研服务的理念，把高校的行政管理工作做到位，最终实现高校行政管理水平的提高。

第三，关于激励各高校进行行政管理的发展与改革，首先，国家要给予大力支持，做各高校强劲的后盾；其次，各高校自身也要做好宣传工作，使教职工和学生支持行政管理工作。

对于各高校的行政管理工作来讲，它的最大作用就在于监督和检查学校内部各部门及其员工的工作情况。各高校的行政管理工作在一定程度上，应将绩效考评加入其中，这样才能提高管理工作的效率。

（二）高校行政管理组织的职能分析

各高校的行政管理职能可以大体分为统治职能、社会服务职能和社会管理职能。

第一，统治职能。各高校的行政管理的统治职能是，各高校要以国家下发的各项教育方针政策为依据来进行教学。

第二，社会服务职能。社会服务职能体现在，行政管理组织按照各项规章制度来组织高校的非行政人员进行教学和科研等行为。行政管理人员要处理好各种问题，全方位地使高校的各个教职工都能在自己的岗位上勤劳奋斗和爱岗敬业，最后实现高校的预期目标。

第三，社会管理职能。社会管理职能主要表现在，行政管理人员通过履行具体的管理职责，能够对高校的教职工进行正确的规范性的指导。

上述职能的决定性在于我国的社会主义性质，对于我国各高校在教学和科研方面起到重要的作用。各高校的行政管理职能能对各高校的教学起到保障作用，要在拥护高校行政管理职能的基础上，还要随着社会的发展和变化不断地完善和创新各高校的行政管理职能，只有这样各高校的教育水平才能得到提高。

二、高校行政管理的内容

（一）协调好学术与行政之间的关系

各高校在行政管理上，存在着许多的问题，最为突出的是高校中的行政权力和学术权力之间的关系问题。而各高校的行政管理人员要想充分地解决此问题，就要对各高校的行政人员和学术人员进行剖析，妥善地处理好行政管理的高层和执行人员与教师、教授和学生之间的关系。

（二）协调好部门与其功能之间的关系

协调好部门与其功能之间的关系是高校做好行政管理的关键。各高校一定要注意这个问题：各高校的行政管理部门的功能不能重复，功能的制定要具有科学性和合理性，功能要和他们的岗位相符合。所以，要切实地处理好各行政管理部门与其功能之间的关系。

（三）协调好职员结构与改革管理之间的关系

协调好高校的职员结构与改革管理之间的关系，通常可以说就是对高校的行政管理人员和改革管理的具体措施进行深入的了解。各高校的行政管理改革，通常离不开对行政管理人员队伍进行改革。如果行政管理人员的队伍过于庞大，在管理中，就会出现很多的问题，甚至出现管理停滞的现象。所以，整个高校的行政管理队伍结构越精炼，职能分配越清楚，行政管理就越能达到预期的效果，就越能激发行政管理人员的斗志。

三、高校行政管理的机制

要想充分地发挥各高校的行政管理职能，首要问题就是要不断地对运行机制进行创新和改革。这就要求各高校要有一个良好的运行机制来对其工作进行保障，这样才能够使各高校的行政管理人员得以安稳地工作，才能更好调动行政人员的积极性。总体而言，各高校的行政管理运行机制包括决策机制、竞争机制和动力机制三点。

第一，决策机制。高校要做到科学与民主的统一，高校只有拥有良好的决策机制，做好科学与民主的统一方能在行政管理过程中做出最合适的行政决策，才能最大限度地保障高校行政管理的合理运行。

第二，竞争机制。竞争机制是各高校行政管理机制中的一个必不可缺的重要机制，而竞争机制的建立，主要体现在教学水平和高校师资队伍的管理上，体现在教学与科学研究上，后勤保障等方面也有明显的体现。市场经济的重要法则之一就是竞争。高校行政管理引入竞争机制，对于行政管理人员的创造性和主观能动性的发挥起到了重要的督促作用，这有利于提高高校行政管理工作的效率。

第三，动力机制。高校行政管理的动力机制，包括其内在的吸引力，外界的压力与吸引力。其中吸引力包含了各高校在其硬件设备上对外界的吸引力因素，包括各高校的办学条件、校园环境、办学历史和学术氛围等。各高校只有具备了吸引力，才能形成能动力和向心力。就目前的各高校现状来讲，各高校的行政管理人员和教职工的价值观是各个高校在前进上的动力所在。有着一个良好的内在动力，方能使他们保持一个良好的工作状态。而外界的压力又主要包含了高校在社会上的口碑、国家对其重视程度、各高校的教育目标，等等。

第二节 高校行政管理中的绩效管理探究

随着我国对高等教育的不断改革，对高水平大学的建设不断优化，高校已逐渐意识到，建设一所一流的高校，除了需要提升高校必备的教学品质，还需要将一流的行政管理作为高校建设的重中之重。

一、高校行政管理中绩效管理实行的可行性

第一，高校行政管理同样追求绩效。高校行政管理的主要职能是"以服务全校师生为主"，因而，高校必须首先保证为教师、学生提供各种基础的保障。为了更好地为学校教职员工服务，高校行政管理必须追求服务的质量和管理的效率，自然也就要追求绩效。

第二，高校行政管理目标可量化。工作目标难以量化，是在既往的高校行政管理工作中，绩效管理面临的较大困难。但是，通过近年来高校改革的尝试，不难发现，高校行政工作可以通过全校师生的满意度、认可度以及教职工的归属感等指标进行量化，这为绩效管理在高校行政管理中顺利实施奠定了良好的基础。

第三，绩效管理的循环模式适合高校行政管理。高校的行政管理工作有很多重复性的工作，例如，高校行政管理部门年初就会制订出本部门的年度计划，并且会在年底对本年的工作进行总结，并找出不足之处，在下一年制订计划时进行改进。而绩效管理的过程就是这样一个计划制订、绩效沟通、绩效考核、绩效结果应用、绩效目标提升的周而复始过程，刚好跟高校行政管理的模式相符合。

二、高校行政管理中绩效管理体系的构建

第一，岗位分析。"岗位分析是绩效管理的第一步，是保证绩效管理能够顺利实施的良好开端。"[①]首先，管理者要对高校行政管理人员的每个具体岗位的职责进行全面了解，并提出合理的、可以评价的指标，使评价指标真正成为绩效考核可信赖的依据。在做岗位分析时，管理者一切要以学校的办学目标为基础，时刻谨记，高校行政管理人员

---

① 胡凌霞. 高校教育管理理念与思维创新 [J]. 长春：吉林大学出版社，2020：113.

是以服务全校师生为主。

第二，明确绩效目标，并制订计划。对岗位进行充分的分析之后，确定好明确的岗位职责，管理者应该对高校行政管理部门提出相应的绩效目标。在目标提出前，要注意上下沟通，并且让具体工作人员全员参与。在确定了绩效目标后，部门领导和相关成员，一起再结合实际工作对绩效目标进行完善，并制订合理的绩效计划。在绩效计划的周期，要明确行政管理工作人员应该完成的任务，完成的时间以及需要完成的程度，将绩效计划做到尽可能详尽。

第三，绩效指导及沟通。制订好绩效计划之后，行政管理人员按照绩效计划，朝着组织目标努力。在整个工作过程中管理人员应该进行有效的监督和指导。对成绩较落后的工作人员，及时提醒、良好沟通，并帮助其提高绩效，取得好的承接。这个环节是尤为重要的，也是绩效管理工作取得理想效果的关键，管理者应该尤为重视这一环节。

第四，绩效考核。考核应该分为两个方面的工作：对工作结果的考核和对工作行为的考核。工作结果考核，是对行政人员绩效计划的完成情况的考察，是否达标；工作行为考核，是对行政管理人员在平时工作中的行为进行考察。在考察中，应该对两个方面进行综合评价，多角度地评价行政管理人员，并使用可以具体量化的指标，保证考核的公平、客观、公正。

第五，绩效考核结果的应用。对于高校行政管理工作中的绩效管理而言，绩效考核并不是终点，它仅仅是一个循环的绩效周期内，对绩效效果的评价，而如何将考核结果应用到实践才是研究的难题。对高校而言，必须将考核结果与教职工关心的问题，如发展机会、劳动薪酬等实际奖励结合起来，与激励机制有效结合，才能使绩效管理落到实处，才可以真正调动教职员工的积极性，才可以提高高校行政管理的效率，进而实现学校办学的目标。

绩效管理作为一种科学的管理方法，已经在企业和政府机关得到了较好的运用，但在高校行政管理中应用还不够广泛，这里通过对高校行政管理中实行绩效管理的必要性分析以及在高校中实行绩效管理存在的问题分析，构建了高校行政管理工作中的绩效管理体系，希望能够帮助高校行政管理工作上一个新的台阶，更好地为高校事业的发展做好保障。

第三节　高校行政管理人员专业化建设及其策略

随着经济的逐步发展和社会进程的不断加快，我国的高等教育事业目前已经取得了很大程度的发展，而高等教育事业的发展必然又会对高等院校的管理体制及管理机构提出更高要求。因此，在自身发展的过程中，如何使我国的高等教育向普及型教育转变、如何进一步加强高校行政管理人员的素质和专业化建设就显得十分重要。

一、高校行政管理人员专业化建设的重要性

第一，高等院校的规范化管理以及管理制度的创新需要对其管理人员的素质进行专业化建设及加强。高等院校的行政人员及管理人员目前是高等教育资源以及辅助教育资源的组织、调和、监管、使用和控制者。管理人员的素质如何、管理水平如何，将直接影响打破高等院校教育资源的使用及配置，并会对高等院校的进一步改革与发展起到不可估量的作用。在目前快速发展的时代，信息技术得到了迅速发展，经济国际化进程进一步加快、大众化教育即将席卷全球，因此，高等院校既要向科学管理的方向转变，又要对传统的教育管理模式进行深化改革，对管理体制和管理制度进行创新，这必然要求对高等院校行政管理人员的素质进行专业化建设和加强。

第二，高效率的高等教育服务需要对其管理人员的素质进行专业化建设及加强。目前，高等院校的教育投资体制已经发生了改革，大学生要求缴费上学，高等院校要根据社会和大学生的具体要求来提供相关的教育服务。因此，大学生既是高等教育的消费者，也是高等教育的产品。高等教育办得是否优秀，主要看大学生能否在高校里得到高素质的发展，以及大学生对接受高等教育过程的满意程度。因此，随着高等教育普及化进程的不断加快，国家对高等教育的需求呈现出复杂化、多样性的趋势，大学生可以自主选择高等院校，高等院校之间的相互竞争也将会呈现越来越激烈的趋势。由此可见，优质的高等教育服务是吸引大学生生源的关键之本，高等院校必须为学生提供最高效的高等教育服务，这是高等院校持续发展的最根本途径。

第三，高等院校的高效率"经营"需对其管理员工的素质进行专业化加强。高等院校具有法人资格，也就是具有面向社会体系依法自主办学的资格。学校作为一个明确的法人实体，必然要对其各个体制进行管理经营化。学会如何经营已经成为目前高等院校的一个重要的趋势。教育经营化，说白了也就是如何运用一些现代的、流行的产业管理制度和运行机制，来进一步加快高等院校教育管理体制的改革，以达到使高等院校的各项建设都是依靠社会的力量、依靠市场的需求，而不是依靠政府的相关推动作用。高等院校就是要以市场需求为导向，学会面向社会，依法走自主办学的道路、走自身不断积累、不断发展的道路。

第四，依法治校和依法管理需要加强行政管理人员专业化建设。高等院校是具有独立法人机构的单位体系，它依法享有在行政方面的自主权，实现其在办学进程中对自身

的约束和管理。那么其行政管理工作的法制化，就必然要求高等院校所拟定的每一项规章管理制度都要与国家相关的法律和法规相匹配，这样才能在高等院校办学的过程中充分实现管理机构、管理体制的相容性、不间断性、牢固性，以充分保障高等院校的办学管理秩序、教学管理秩序以及科研管理秩序的正常化维持及开展。以上这些内容，必然对高等院校管理人员的基本素质提出了特别高的要求，因此，我们必然要对其行政管理员工的专业化素质进行建设和加强。

二、高校行政管理人员专业化建设的必要性

高等教育的普及化、全球化，甚至包括其内部结构的复杂程度，必然要进一步对高等院校行政管理人员的专业化建设进行加强。高校行政管理人员专业化是高等教育由精英教育向大众化阶段、普及化阶段过渡过程中的必然选择。

第一，高校行政管理人员专业化是高等院校迈进国际化进程的一部分。随着国际经济的迅速发展，高等教育迈进国际化的进程也势必加快。高等教育的国际化开放已经是一种不可更改的必然趋势。高等院校的国际化建设对于我国高等院校的发展而言，既是一个难得的机遇，又是一个严峻的挑战。

第二，高等院校行政人员的专业化建设是实现改革管理体制的必然要求。多年来，高等院校全面展开了内部管理体制的改革，一是对管理机构的编制进行了大规模的精简，以及在人员转岗分流方面进行了专业化的改革；二是在用人制度的改革，岗位职责的强化等方面，从整体上消除了由人设岗、浪费资源、耽误效益的问题；三是在分配制度的改革方面，尽量拉开高等院校行政管理人员的收入差距，实行多劳动、多收入、高效率劳动、高效率回报；四是在高等院校管理体制改革的深化方面，调整传统的结构体系，促使管理体制的重心下移；五是对后勤社会化方面，通过一系列的有效措施，如政府引导等，使高校后勤领域的管理体制进行规范的分离，逐步实现后勤管理的社会化、市场化以及专业化，从而在根本上对高等院校办后勤、高等院校办社会的问题进行深化改革。以上五个方面的问题最终能否得到解决，都必然要求以高等院校管理队伍的专业化建设为基础。

三、高校行政管理人员专业化建设的主要策略

（一）转变思想，构建现代化教育管理理念

加快高校行政管理人员的专业化建设的前提应该是坚持树立科学、正确的高校管理思想，体现高校与义务教育的区别，坚持转变管理理念以及思想观念，行政管理人员一定要对自身的工作职责以及目标具有准确的定位。一定要加强专业化的培训管理工作，

进一步深化改革，完善并加强制度建设，为高校行政管理工作提供可靠保证。

观念先于行为并指导行为，倘若想要提高教育管理水平以及办学的综合效益，那么就一定要改变传统的思想观念以及思想意识，进一步提高对教育管理工作的认识以及专业化的重视，树立科学的管理理念以及思想意识。为了进一步促进我国教育管理事业健康发展，早日实现进入世界一流水平的目标，一定要建立正确、科学的管理思想。建立科学的教育管理思想需要注意以下关系：

第一，管理和服务的关系不仅是指挥以及为人们提供服务。因为管理与服务本来就是互相矛盾的事务，但两者又存在辩证统一的关系。如果服务工作做得令人满意，那么这将会对管理工作起到正面的、积极的作用，因此科学有效的管理实际上就是很好的服务行为。

第二，科学管理与经验管理的关系我国的教育规模变得越来越大，文化普及程度也逐渐提高，高校与社会的联系也变得更加紧密，如果在这个日新月异的时代仍然凭着经验进行管理，那么我国的教育事业将很难对社会的变化做出非常灵敏的反应，也不能预测阻力的发生。因此教育行政管理人员应该铭记科学管理，让管理出效益、出成果，管理就是教育的生产力，管理也是一门艺术。

（二）深化改革，强化管理队伍专业化建设

教育管理的相关工作者应该严格把控"入口关"，加强行政队伍的专业化建设。在现有的管理团队中可以选派一些不仅具有较高学术造诣又具有管理和组织能力的业务骨干，将他们安排在学术性的管理工作岗位中。教育管理工作人员中，有些人员有志在行政管理工作中大展宏图，具有很强的责任心、较强的业务能力、较强的综合管理能力，善于协调各方面的行政事务、具有科学的管理思想、善于学习充实自身，努力提高这些人的政治素养以及思想觉悟，将有利于以后行政管理工作的开展。教育管理一定要按教育的规律办事，将有先进教育思想、丰富行政管理经验的人才培养成学术型管理人才。对热忱于教育行政事务的人才，为他们提供良好的发展平台，并将其列为重点培养对象。对于长期从事行政管理工作的企业家或者经济师等，可以将他们安排在与行政管理工作相近的岗位，这将有助于改变教育机构故步自封的现象。

（三）加强培训，提升行政管理人员专业化水平

依据管理人员的发展方向进行有目的的培养，只有这样管理工作才会更具有成效。对在校的行政管理人员进行脱产学习与实际不相符，因此施行校本培训是最佳的选择方案。而且校本培训可以更具有针对性，根据本校行政管理工作的实际需要进行培训，由学校的人事等相关部门进行策划，可以外聘培训机构的人员，要讲究培训课程、培训方

式的专业化,目的是提高行政管理人员的专业化水平。高校应该加强对专业化的重视程度,完善管理制度,改进管理理念,提高管理技术,科学运用管理方法,从而提高行政管理人员的专业化水平。

第四节　大数据背景下高校行政教育管理的建设

"行政管理作为高校管理的重要组成部分,其管理工作在大数据时代也迎来了新的挑战,如何落实行政信息化管理逐渐成为高校提高自身教育管理信息化水平的重要基础。"①

一、大数据背景下高校行政教育管理建设的意义

随着近年来科学技术的不断发展和广泛应用,大数据现已成为当前社会发展的最强辅助动力,在推动国民经济进一步发展的同时,也为行业的革新注入了新元素。高校作为人才培育的主要场所,高校管理一直以来受到了社会各界的高度关注,为此加快高校学生管理信息化建设,用信息化管理取代传统管理模式,不仅有效地打破了传统管理的局限性,规避了传统管理问题的再次发生,与此同时在促进高校综合发展以及提高学生综合竞争力等方面也发挥了重要性作用,是全面有效落实管理工作的重要战略基础。

客观来讲,大数据技术能让高校行政管理工作从宏观转向微观、从群体转向个体,在一定程度上"用数据管理、用数据决策、用数据创新、用数据说话"模式的应用,不仅能提高高校行政管理工作质量和工作效率,从某种意义上来讲,通过挖掘学生日常生活所产生的多元化信息数据对学生行为和思想进行全面化分析,还能加快高校数字化、科技化校园管理模式的实施进程,以此在深化高校管理信息效益的基础上,全面提升高校教育管理信息化水平,最终为预期管理目标的实现奠定良好基础。

二、大数据背景下高校行政教育管理建设的策略

（一）建设完善的高校信息化教育管理平台

在当前大数据时代下,信息化管理逐渐取代传统人工管理,成为现阶段高校行政信息化管理的主要手段,但为从根本上确保行政信息化管理模式应用效益的最大化发挥,加快高校行政信息化管理平台的建设,是现阶段高校行政管理信息化建设工作的重中之

---

① 刘奎汝.解析大数据时代高校行政管理信息化建设［J］.中外企业家,2020,（18）：40.

重。信息管理平台的建设在一定程度上不仅能确保高校行政信息化管理工作落实到位，也为高校各个部门之间的沟通创建了良好平台，最终在确保沟通有效性、及时性的基础上，使教育管理系统处于创新活力的状态，以此在确保各项教育工作有效落实的同时，为预期管理目标的实现奠定良好基础。

在高校信息化教育管理平台建设过程中，为确保平台创建效益的最大化发挥，高校行政信息化管理部门工作人员在创建过程中，需始终秉承着"以学生为本"的建设思想，要从高校学生的角度看待管理方面的问题，以此在确保各项管理工作有效落实的同时，为高校学生营造一个适合他们的学习生活氛围，最终为预期管理工作目标的实现奠定良好基础，此外在行政信息化管理平台构建过程中，行政管理部门还需结合高校自身情况，将网络教育活动的举办变为常态化教学内容，以此为后期高校行政信息化管理工作的开展奠定良好的基础。

（二）科学构建行政信息化管理人员培训机制

高校行政信息化管理工作人员作为高校行政信息化管理的执行者，其自身专业能力和信息化意识水平的高低，在一定程度上对高校行政管理信息化建设工作的开展具有重要影响，因此从根本上确保管理信息化建设工作的顺利开展，构建科学完善的高校行政信息化管理人员培训机制，也是当前提高院校创新力、活力和竞争力的重要方法。在大数据时代背景下，为确保互联网与行政管理在创新和使用中的稳定性，高校需要从根本上提高人员选拔标准，在确保聘用的工作人员无论是专业能力还是综合素养都满足高校行政信息化管理工作有序开展需求的基础之上，还需要加强专业技术人员的日常维修技能和调试工作能力，由此在提高教师数据运用能力和信息化意识的同时，为预期管理目标的实现奠定良好基础。除此之外，在对信息化建设人员和管理人员培训过程中，前期高校需对建设和管理人员进行信息化系统的浅表培训，后期在日常工作中对他们进行更为系统的培训，在帮助他们养成自主学习意识的同时，为高校行政管理信息化建设的顺利实施奠定良好的基础。

（三）完善行政信息化管理工作的设备保障

高校在进行行政管理信息化建设过程中，管理工作设备的先进度对于行政信息化管理工作质量和效率也具有重要影响，因此在当前高校行政信息化建设过程中，完善高校行政信息化管理工作设备也是高校行政管理信息化建设的重要工作内容。由于高校行政管理部门工作人员受传统管理理念以及管理模式根深蒂固的影响，对于新事物的接受能力相对较弱，在大数据时代下虽然高校加快了信息化系统的构建，但在后期行政信息化管理过程中，仍采取较为传统的管理设备，在影响后期各项工作开展质量的同时，也无法有效地确保学校机密信息安全，高校的整体发展也势必受到一定影响。

在进行高校行政管理信息化建设过程中，高校的管理者需加强对学校内部信息化的建设，与此同时为确保管理系统在网络使用高峰期的稳定性和安全性，在行政管理信息化建设过程中，工作人员还需适时调整高校网络安全性和稳定性，在推进高校管理工作稳步进行的同时，也保证了学校机密信息的安全，此外为促进高校各部门之间的信息共享，在进行信息管理系统设置时，还应该充分利用数据融合技术，以此来提高高校的行政管理工作效率。

总而言之，大数据时代的来临，给高校行政信息化管理工作带来新机遇，也使其面临巨大的挑战，而如何确保行政信息化水平的稳步提升，也成为现阶段高校行政管理信息化建设作业的重中之重，是提升院校创新力、活力和竞争力的重要战略基础，为此在当前大数据时代下，要想确保信息化建设落实到位，建立健全完善的高校信息化管理平台、构建科学完善的高校行政信息化管理人员培训机制以及完善高校行政信息化管理工作设备是保证高校在高速发展过程中维持行政管理稳定、推进院校整体发展的重要基础和根本前提。

第五章　大数据背景下高校教育质量管理信息化

第一节　教育质量及其管理体系的构成

经历了规模迅速扩大的发展期后，我国高等教育完成了从精英化到大众化的历史转变。但是，如何在大众化的背景下构建有效的高等教育质量保障管理体系，实现高等教育规模、质量、结构、效益的全面协调发展是各界的共同诉求，还有待进一步研究。

一、高等教育质量的构成

（一）高等教育质量的相关认知

1. 质量的认知

质量的概念是在历史发展中产生的。随着时代的变迁，质量的概念也在不断地进行补充、丰富和发展。人们对质量的概念在不同的历史阶段表现出不同的理解，出现了符合性质量、适用性质量和全面质量等概念，质量的重要性得到人们的认可，逐渐有了质量意识。

质量是指产品或工作的优劣程度。如产品质量、服务质量、工程质量、教育质量、建筑质量等。从产品角度来看，产品的质量就在于要符合产品的设计要求，达到产品的技术标准。就产品的使用者角度来看，质量是产品和服务满足顾客需要的程度。满足顾客的要求，为顾客所接受，就是高质量。工农业产品的质量一般较易于衡量，根据产品的规格、使用要求等制定质量标准，即要达到规定的指标。工农业产品按照这些明确规定的指标在生产过程中进行检验、控制来保障产品达到规定的质量，可以用合格率的高低来衡量质量。

质量的概念含义广泛，人们已经将质量的概念发散至各个领域。而高等教育质量，则更为复杂一些。高等教育是培养人，即学生是高等教育的产品，既要求在量上满足国民经济和社会发展的需求，又要求在人的基本素质上达到各行各业的基本要求，所以高等教育质量呈现出多元性和层次性。高等教育产品与工农业产品完全不同，他们是具有主观能动性的、鲜活的人，不能简单地根据产品的优劣程度来衡量质量。因此，对于学生质量的评价，不能完全参照工农业产品的标准。

高等教育的类型呈现多样性和层次性，研究生教育、大学教育和专科教育都有各自不同的质量要求，研究型大学有研究型大学的质量要求，教学型大学有教学型大学的质量要求，研究教学型大学有研究教学型大学的质量要求，地方性学院有地方性学院的质量要求，职业技术学院有职业技术学院的质量要求。即使同为研究型大学，也有偏重理论、偏重技术和偏重应用之分，其质量要求也各不相同。所以，不能用同一质量标准来衡量不同性质的高校，也不能用精英教育阶段的质量标准来衡量大众化阶段的高等教育，否则，会形成极大的反差，会引发对大众化阶段高等教育质量的全面否定。大众化高等教育的质量是多元的、有层次的，不仅要增加人才数量，还要提高人才素质，注重内涵发展。

2. 教育质量的认知

教育的本质是以人的培养为直接目标的社会实践活动，教育质量应当是教育的永恒主题。教育质量的论述十分的模糊，没有形成统一的认识。另外，"质量"还包括教与学的"相关性"问题，即教育如何适应在特定环境与前提下，让学习者满足当前和将来的需要，还涉及教育体系本身及构成教育专业要素（学生、教师、设备、设施、资金）的重要变化，目标、课程和教育技术以及社会经济、文化和政治环境等。教育质量不是一个静态的概念，应该是动态的，质量和水平是相对的，是根据特定的时间、地点、特定的学习者和他们的环境相对而言的。教育质量就是整个学校的绩效，高质量指的是一个学校或学院为全体学生规定了高标准和目标，然后，想方设法地协助学生达到这些目标。

就国内而言，能够充分发展个人的才能以适应社会的需要，对社会能充分发挥作用，对学生能在原有基础上有明显提高，即教育质量的概念。教育质量是学校根据国家教育方针政策的要求，为满足特定的社会和学生发展的需要而确立的教育目标，设计、组织、实施，旨在实现这一目标的教育活动达到预期效果的度量。教育是以促进社会发展和人的发展为目的的培养人的活动。教育质量是在既定的社会条件下，在教育活动客观规律与学科自身逻辑关系的限制下，一定的教育所培养的人才满足社会需要的程度与促进学生身心发展的程度。显然，不同的人、不同的组织从不同的教育价值观、不同的方法论和不同的关注点来界定教育质量，将导致不同的结论。

高等教育质量具有的特征包括：质量是独有的，优秀的；质量与设定的规格和标准相一致。标准是评价的基准或尺度，规格可以包括一系列标准。教育质量是教育水平高低和效果优劣程度，衡量的标准是教育目的和各级各类学校的培养目标。教育水平高低和效果优劣程度规定受培养者的一般质量要求，也是教育的根本质量要求；教育目的和各级各类学校的培养目标规定受培养者的具体质量要求，是衡量人才是否合格的质量规格。

由此可见，高等教育质量包含两个方面的含义：一方面是指衡量人才质量的统一质量标准，即德、智、体、美、劳全面发展，人文素质和科学素质有机结合，具有创新精神和实践能力。另一方面是指在统一质量标准的基础上，各级各类学校人才培养的具体目标。显然，要对大众化高等教育进行质量评价，实际涉及高等教育的一般质量标准和具体质量标准两个方面，一般质量标准是教育质量的共同基准，具体质量标准是衡量所培养人才是否合格的质量规格。

总而言之，评价高等教育的人才质量，既要有一般的质量标准，又要有具体的质量标准，只有把两者结合起来考虑，才能得到一个全面的认识。由于教育质量具有内隐和迟效性的特点，短时间难以对其评价，内涵往往容易受到忽视，并且评价的标准不统一，难以获得广泛的认可；另外，对教育质量的定义过于注重结果而忽视过程，这都是需要认真反思的。对教育质量的解释不能局限于某一方面，而必须考虑人的全面发展和社会的和谐发展，把促进人的全面发展与满足人民群众的教育需求有机统一起来。"教育质量"并非一个内容与标准固定不变的概念，而是一个与特定的社会主体相联系，随社会的发展而变化的动态概念，反映人们对教育活动结果的期望。因此，教育质量主要体现在培养的人所能满足个人自我发展要求和社会人才需求的程度。

3. 高等教育质量的属性

高等教育质量是一个复杂的概念，国内外专家学者对质量的理解角度各异，各种看法莫衷一是。联合国教育、科学及文化组织指出高等教育质量是一个多层面的概念，应该包括高等教育的所有功能和活动。因此，研究高等教育质量保证体系，需要先解决的问题就是要厘清高等教育质量的概念，整体、科学地把握其内涵和外延。高等教育质量是人们对高等教育内在属性的度量。因此，探索高等教育质量观，必须以研究高等教育质量属性为前提。高等教育质量的属性是高等教育质量的体现，可以分为本质属性、自然属性和时代属性，具体内容如下：

（1）本质属性是指适应性。高等教育质量是高等教育机体在运转、发展过程中满足自身特定的内在规定要求和社会的外在规定的一切特性的总和，即高校培养的人才对社会需求的适应程度和培养成果之间的契合程度。

（2）自然属性是指多样性。高等教育质量的自然属性是本质属性的延伸与扩展。如今社会对于高等教育的需求日趋多样化，提高高等教育对社会需求和自身发展的适应性，需要高等教育适当分工，走多样化发展之路，逐步形成多形式化、多导向化和多层次化的高等教育质量格局。

（3）时代属性是指发展性。高等教育质量是一个历史的发展概念，质量的内涵与标准、人们对质量的理解和认识都处在一个动态的发展变化过程之中。因此，高等教育质量具有很强的时代特征，是一种与时俱进的发展性质量。高校要用发展的眼光看待高等教育质量，不能局限在当时当下。

对于高等教育质量的概念，不同的人有着不同的理解，就高校而言，可以从三个方面进行具体的阐明和解析：①卓越，即一流的。质量在很大程度上被视为"卓越""优秀""一流"的代名词。对于复杂的质量概念，大致包含大学的等级声望、可享用资源的丰腴度，教学成果和学生能力的提升等。当这些方面达到"卓越""一流"时，才能称为高质量。②达成目标。高等教育质量的高低就是指高等教育活动所产生的效果达到既定的目标的程度，或者说满足社会及受教育者需求的程度。由此可见，质量对于目标的适切性通过比较与目标的一致程度来测量。③满足程度。质量是满足国家和社会需要的程度，主张注重实效、强调社会适应性，把满足社会需求作为衡量教育质量的标准。此外，"质量满足需求"的定义还体现在满足个人的发展、实现自我价值的需要上。

高等教育是国家和社会发展进步的基础，高等教育质量往往关系到国家高层次人才的培养和社会经济发展，因此高等教育质量一直是相关机构学者非常重视的问题。高等教育质量是一个复杂而又有争议的问题，它不仅关系高校的生存和发展，而且还关系到国家和社会的发展，提高质量是高等教育永恒的主题。高等教育质量体现为高等学校产品或高等学校教育工作的优劣程度。高等学校的产品和高等教育的职能是密切相关的。与教学职能相联系的产品是高等学校向社会输送的高级专门人才；与科学研究职能相联系的产品是科研成果；与为社会服务职能相联系的产品是各种形式的服务，各职能是相互联系、相互促进的。高校的科研水平越高，为社会服务开展得越活跃，越有深度和广度，就越有利于教学水平的提高。高等学校的教育工作主要是围绕学生展开的，概括起来主要有教学工作、思想政治工作、校园文化的开展、大学生社会实践等。

由此可见，高等教育质量的内涵是十分丰富的。在方法上如何测量这种质量更是仁者见仁，智者见智。国外有学校采用学生成绩为指标，也有通过问卷广泛收集社会评价来表示，还有以毕业生的平均起薪工资作为对高等教育质量的评价。将学生质量置于首位，因为学生是高等学校的主要产品，所以是高等教育质量的核心指标。师资质量是高等教育质量的重要组成部分，是教育的人力投入的主体，也是提高学生质量的人力保障。

物质条件同样是高等教育质量的组成部分，同时是人才质量的硬件保障体系。

总而言之，以上这些指标都是可以量化的。办学特色与校园文化分别侧重于管理层面以及学生的主体性活动两方面，同时，也是人才质量的软件保障体系，十分重要。关于学生质量，还应该考虑引进"满意度"来进行评估，包括毕业生本人和用人单位两方面的满意度。如果学校办学使学生无法满意，社会和用人单位无法满意，也就没有质量可言。另外，质量的衡量标准也要随科技进步、社会进步不断更新。高等教育质量就是高等学校必须培养出国家建设需要的、符合规格要求的专门人才以及促进学生个人的发展，即培养高层次、有教养的社会公民，这是高等教育质量的本质特征和体现。

（二）典型的高等教育质量观

从质量到教育质量再到高等教育质量，可以理解为从抽象到具体，从宽泛到细化的过程。随着描述的对象不同，质量概念的外延和评判标准迥异。然而，如果单纯地将质量的僵硬概念直接应用到教育上，难免有一种物化和粗鲁的嫌疑，因为教育事业的主体和对象是人，这就注定教育质量不能仅仅从基础的质量层面去理解，而更需要多元化的眼光和视角。这样看似悖论的拔高似乎是无法实现的，但这正是高等教育事业遇到的现实情况。

高等教育质量观是高等教育的质量在人们观念上的反映，是人们在特定的社会条件下的教育价值的选择。高等教育质量观包括如何看待高等教育的价值，怎样设置高等教育的目标，高等教育的过程评价以及教育的内容、方法、手段等诸方面。因此，高等教育质量观是一定阶段评价高等教育和引领高等教育发展的核心观念。随着高等教育的发展，高等教育质量观在历史进程中不断得到丰富，形成了包括精英教育阶段的高等教育质量观、大众化教育阶段的高等教育质量观、单一的质量观和多元的质量观等多重质量观。

由于人们对高等教育的不同认知，产生出不同的高等教育质量观。不同的高等教育质量观规定和影响着高等教育质量，成为我国高等教育发展和改革的导向因素。由于高等教育的质量概念没有一个确切的界定，研究者研究方法和出发点的不同，便对高等教育形成了各种不同的质量观。

1. 高等教育的产品质量观

产品质量观将高等教育视为一种特殊的社会生产活动，所以对高等教育质量的评价可以建立在对其产出质量的衡量之上。一般而言，社会将学生看作高等教育体系用来满足社会需求的产品，但这是高等教育职能的一个方面，另一个主要方面是其面向学生、社会、国家提供的服务产品。世界贸易组织将教育和服务列为同一类贸易项目，高校的产品应是高等教育服务。学生从教师的讲授或是学校提供的其他管理服务中获得知识，并缴纳了学费，从而形成了提供服务与接受服务的供求关系。高等教育的质量就是它所提供的服务和产品质量的辩证统一。

2. 高等教育的全面质量观

全面质量观综合了以前人们对高等教育质量的各种界定，要求以全面的观点，综合评价高等教育的整体水平。而判断的标准是高等教育质量对顾客"明确或潜在的需求"的满足情况。高等教育的质量取决于教学科研人员、学生质量、环境基础设施建设、学术环境和管理水平等多方面的因素。质量的提高需要高等教育机构全体人员的共同参与，制定系统全面的质量管理体系，通过把握优化所有的过程环节来实现。

上述观点表达了从不同的价值取向、判断角度对高等教育质量的理解。尽管不同观点可能存在歧义，甚至可能有些偏颇，但是每种观点都有其存在的合理性，为高校从不同的角度深刻理解教育质量内涵、界定高等教育质量提供了基础。同时，也表明高等教育质量已经摆脱传统的单一衡量标准，高等教育大众化阶段的质量标准是多样的。高等教育质量目标的制定和质量水平的测评要根据高校的办学目的和实际情况来具体制定。

3. 高等教育的阶段论质量观

高等教育的阶段论质量观主要基于马丁·特罗的高等教育"三阶段"发展理论，强调在不同的发展阶段，由于高等教育的重点不同，所以质量观也不同。在精英教育阶段，高等教育主要是塑造统治阶层的心智和个性，为学生在政府和学术专业中充当精英角色做准备。这种情况下的质量观是唯一的，就是"优秀""卓越"，这种观点也被称为传统的质量观。现阶段，这种质量观可以用来衡量个别顶尖的研究型大学，但是，对于大多数的教学型大学而言，则没有太多的参考价值。在大众教育阶段，高等教育的目的不仅在于培养领导阶层，而且重点则转向培养更为专业的技术人员，满足社会发展的需求，因此，这一阶段的质量观是丰富多样的。对于普及高等教育而言，好的教育质量就是满足个人发展的需要，质量观也要发生相应的改变。

4. 高等教育的目标论质量观

高等教育的目标论质量观，是指高等教育质量实质上符合目的的质量，指高等教育按照一定的目的、用途来进行人才的培养。如医学院对学生的教育目标就是会看病，如果培养出来的学生无法实现这个用途，那么无论怎样也无法认为这样的教育质量是高水平的。目前，办学层次和类型出现丰富化和差异化，不同类型高校的办学目的和社会定位可能会有很大的差别，如果采用单一的质量标准来进行衡量就会没有任何实际意义。所以，不同类型的学校应当针对各种办学方针和目标制定相应的教育质量标准。

二、高等教育质量保障管理体系的构成

（一）高等教育质量保障管理体系的发展

质量保障是指为使人们确信某一种产品或服务能够满足规定的质量要求提供某些实体的适当依赖程度，为保证质量所进行有计划、有组织、有系统的活动。高等教育质量保障是指特定的实体依据一套质量评估指标体系，按照一定的过程和程序，对高等教育质量进行控制、评估和审核，使高等教育培养的人才、开展的科学研究以及所进行的社会服务等一系列活动持续达到预定的目标，以保障高等教育的质量，促进高等教育发展有计划、有组织、有系统的活动过程。实体是指高等教育相关机构，包括高等教育行政管理机构和高等学校。

高等教育质量保障因在提升高等教育质量方面发挥着重要的作用而受到世界各国的重视。在当今高等教育界，高等教育质量保障已经成为大多数国家高等教育改革与发展的主要议题，质量保障正在成为高等教育的一种制度，对高等教育质量进行监控和评估。目前，高等教育质量保障的发展主要表现在：①理论研究取得了丰硕成果，研究的范围极其广泛，有了国际性的质量保障研究成果。②世界各国纷纷进行了高等教育质量保障的实践探索，成立了各种性质的质量保障机构来保障高等教育质量。③高等教育质量保障日趋国际化，起源于西方国家，随即波及全世界。我国正处于高等教育大众化阶段，高等教育规模的急剧扩张引起了社会与政府对质量问题的关注。对于如何有效地保障高等教育质量，我国高等教育界开始引进了高等教育质量保障的有关理论，并进行了理论与实践研究，提出了有关高等教育质量保障的新思路。对建立有效的高等教育质量保障管理体系进行了深入的探讨。

（二）高等教育质量保障管理体系的功能

高等教育质量保障管理体系的功能就是高等教育质量保障管理体系本身所起到的作用。高等教育质量保障管理体系的功能问题是高等教育质量保障管理体系研究的基本理论问题之一。高等教育质量保障管理体系的内涵决定高等教育质量保障体系具有鉴定、监督、调控、导向、激励等多种功能，对高等教育起到保障作用。高等教育质量保障管理体系主要有以下几点功能：

1.鉴定功能

高等教育质量保障管理体系建立起来之后，高等教育管理者就可以根据质量保障体系确立的标准与目标，对高等学校的教育质量进行评鉴，从而判断高等学校培养的人才质量是否达到预定的最低标准，起到鉴定高等学校的教育质量是否达标的作用。

2. 监督功能

教育管理部门可以通过高等学校自身或外部评审专家的质量评审报告，了解高等学校的日常教育教学活动的质量状况。最后形成的评审报告要向社会公布，政府与社会各界可根据学校的质量状况对学校做出一定的判断，并有可能采取相应的对策，进而起到监督的作用。外界对高等学校质量状况的了解和认识，学校在社会中的形象，对于学校在教育资源上的竞争力乃至学校的生存将发挥重要的作用。因而，高等学校不能不重视自身教育质量的提高，不能不重视各种类型的教育质量保障活动，应使学校自觉地处于社会监督之下。高等学校内部也可以通过制度化的教育质量保障管理体系监督学校的日常教育教学活动，确保学校的各项教育工作按预定计划进行，逐步达成学校教育质量目标。

3. 导向功能

高等学校可以通过高等教育质量保障管理体系及时了解社会对高等教育结构的需求、期望以及基本评价，发现自身在满足社会需要方面存在的优点与不足，还可以发现本校与其他学校的差距，进而引导学校明确自己的发展方向，引导学校的教育教学活动和发展目标。

4. 激励功能

高等学校通过高等教育质量保障管理体系对自身有一个正确的评估，对学校的生存和发展进行反思，增强学校对学生、对政府和对社会的责任感，增强学校的质量意识和效益意识。学校教育教学质量评估报告的公开，促使学校关注其社会声誉，关注本校与其他学校的差距，激励高等学校不断进取、不断提高教育质量，更努力地做好教学、科研和社会服务的相关工作。

（三）高等教育质量保障管理体系的要素

质量保障管理体系是由相互联系和相互作用的、具有特定功能的若干要素结合而成的有机整体。质量保障管理体系每一个要素的质量是整体质量的基础，整体质量又依赖于每个要素的质量水平。当高质量的要素通过优越的机制作用形成优化结构时，也就形成了高等教育的整体质量。这些要素主要包括：保障目标、保障主体、保障客体、保障方法以及保障实施载体。目标、学生、高校、老师、教学方式、教学资源、评估中介、支持服务、政府、社会、经费是其具体表现。这些要素构成高等教育质量保障管理体系的内部质量保障管理体系与外部质量保障管理体系。

1. 保障目标

保障目标是指高等教育质量保障的目的，即解决"为何保障"的问题。高等教育质量保障的目的是保障与提高高等教育质量，使高等教育满足国家与社会大众对高等教育质量越来越高的需求。高等教育质量的内涵与高等教育质量保障管理体系的组成决定了高等教育质量保障管理体系的保障目标应该定位于通过指导、监督、调控高等学校人才培养、科学研究、社会服务等工作的开展，促使高等教育最大限度地满足国家经济、文化、科技等方面的需求，并把高等教育对社会经济发展、文化繁荣、科技进步等所作的贡献作为衡量的指标。高等教育质量保障管理体系的有效性主要看保障目标的达标程度，当各项工作的活动结果满足或超越既定目标时，这个保障体系就是有效的。保障目标主要表现为以下三种形式：

（1）官方目标，它是国家教育行政部门关于学校任务的一种正式陈述，具有规定性的特点。例如，我国的教育目的就是各级各类学校总的培养目标。此外，还有国家为各级各类学校规定的具体培养目标。这些官方目标对学校管理工作起规范、控制作用。

（2）实施目标，它是某个学校将国家所规定的官方目标结合本校具体情况付诸实施过程中所要达到的工作目标，是学校所认可的真实意向与任务，具有实践性的特点，对学校工作有直接的指引和激励作用。

（3）操作目标，它是某个学校完成学校工作任务的具体指标，通常带有明确的评价标准与评估程序，具有质、量的双重规定性和可操作性的特点，对学校工作具有评估、反馈和调控作用。明确保障目标，构建多层次的保障目标体系，是衡量高等教育质量保障管理体系有效性的重要指标。

2. 保障主体

保障主体是指高等教育质量保障活动的组织者和实施者，即解决"谁来保障"的问题。高等教育质量保障的主体是政府、高校和社会，包括国家、国务院各部委、各行业部门、高等教育行政管理部门、专业评价委员会、高等学校、社会评价机构、企事业单位等。多元保障主体相互配合、协调共进、形成合力、共同保障，将有利于创造良好的保障环境，切实发挥高等教育质量保障管理体系的功效。

高等教育质量保障管理体系的保障主体呈现多元化，已不是单一的主体。政府、高校与社会作为保障主体相互分工与协调，共同参与高等教育质量保障。高校这个保障主体在整个高等教育质量保障管理体系中处于基础地位。必须充分重视高等教育机构的自我评估和改进。高等教育是一种发生在高校内部的专业活动，其主体是学术人员、高校及其成员。改进与提高质量的动机是内在的，不能从外部强加，而只能被激发、被强化。而作为其他保障主体的政府与社会的保障活动，即外部评估，其作用应该是为高校自我改进与提高提供持续、稳定的支持，使高校及其成员能够在一个良好的制度环境中关注其专业活动的质量。作为高等教育质量保障管理体系的构成要素，高校的自我评估经济有效，能增加被评估单位的主人翁意识和责任感，提高评估后质量改进的可能性。

在高等教育质量保障中，只有当高校教师认为质量保障活动是其分内事，整个活动才可能成功。因此，各国都非常重视高校的自评，院校内部质量保障是外部质量保障的前置条件。在外部力量日益渗透到高等教育质量保障中成为保障主体的情形下，高校积极主动地建立自我保障体系，是保护学术自由、院校自治，也是向外界证明其质量与效率的一种有效手段。对于高校而言，自我评估是日常的一项质量保障环节。正是通过不断的、形成性的自我检查和反省，日积月累，才能使保障体系运行起来，从而有效地促进教育质量的提高。

例如，在英国，各校均设内部质量保障管理体系，特别是在专业的规划、审批、保障和审查等重要环节上把住质量和标准关。多数学校既实行经常性的保障，又对各专业实行周期性的审查；同时一些学校还聘请校外督察员和学术审查员，他们都是来自其他学校或相关领域的学术专家。校外督察员的主要任务是对大学生是否达到学校的学业标准进行动态的评估，检查学校在给予学生成绩和学位时是否严格依据学校订立的标准，对学生的评价是否有效和公平。学术审查员每隔六年对大学进行一次总体的审查，看该大学的办学标准是否保持在合适的水平。英国高等教育质量保证局的外部评估，侧重于院校审核，即对院校内部质量保障管理体系及其运行情况的监督与检查，以突出高校自我质量保障的基础作用。作为保障主体的政府主导高等教育质量保障的发展方向，政府将质量保障作为推进高等教育改革的工具和发展高等教育的手段。

从宏观高等教育政策来看，高等教育质量保障的兴起，是政府改革高等教育体制、努力提高高等教育质量、促使高等教育更好地适应经济和社会发展需要、满足公众不断增长的需要等一系列政策的直接结果。政府在高等教育质量保障管理体系中的作用主要是通过政策指导和法律规范的方式进行的，政府很少直接组织实施质量保障活动，而是通过立法、财政、评估结果的利用等途径对质量保障活动施加影响。高等教育质量保障体系中的另一保障主体——社会，在高等教育质量保障中日益发挥重要的作用。社会通过直接参与学校管理，组织质量评价等评估活动将社会对人才培养的要求、高校毕业生的就业状况及其他有关信息直接反馈给高校，使高校及时了解、关心社会对人才培养提出的要求，保障高等教育质量沿着社会需要的方向发展。

3. 保障客体

保障客体是指高等教育质量保障活动所指向的对象，即保障的具体内容，解决"保障哪些"的问题。高等教育质量保障管理体系保障的是高等教育质量，由于高等教育质量是一个很复杂的概念，具有丰富的内涵，涉及很多内容，包括学校、专业、课程、教师、学生、教学活动等高等教育所有的主要职责与活动，在实际操作中，人们把与高等教育质量有关的因素都放到一起作为保障客体加以保障。但是，人们对高等教育质量有着不同的理解，因此，对高等教育质量保障管理体系"保障哪些"，人们也产生了不同的认识。高等教育质量主要体现在高等教育实施机构的人才培养、科学研究、社会服务等活动过程中。在我国，由于高等学校是高等教育的主要实施机构，所以高等学校的人才培养、科学研究、社会服务等活动过程及其结果是高等教育质量保障的客体。

4. 保障方法

保障方法是指高等教育质量保障主体为促使客体达到保障目标而对其所采用的手段与措施，即解决"如何保障"的问题。高等教育质量保障方法主要有投入支持、立法约束、政策导向、制度传导、评价监督、信息反馈、激励惩戒、舆论影响等。各保障方法的有效运用和科学实施是保证高等教育质量保障活动发挥作用和实现目标的基础与前提。保障方法一般可分为内部保障和外部保障两个方面。

核心问题是指方法和指标的问题。对于保障方法问题而言，政府和高校各自关心的角度并不相同，政府考虑财政宏观调控的问题，而学校担心的是学校的价值目标是否会受到影响。关于保障指标、方法与技术，目前用得最多的是所谓的"绩效指标"。绩效指标是定量测量的工具，但高等教育质量评价需要更复杂的方法，因为整个高等教育的过程并不是全部可以采用定量测量的方法进行测量的。定性与定量相结合，多种多样，因地制宜才能更好地保障高等教育质量。

5. 保障实施载体

保障实施载体是指能够在系统各要素之间运载有用物质，保障系统"能源供给"，保障系统有序运行的物质——信息。信息是任何系统有效运行的根本保证，是系统构成的最基本要素。通过信息的交流使系统其他构成要素有机地联系起来，共同影响系统的运行状态与运行结果。高等教育质量保障管理体系当然也不例外，信息同样是其各要素相互联系、相互影响的桥梁与纽带。信息就像血液供给、支撑生物的生命一样，支持着整个保障体系的运行。通过信息的交流，保障主体不断改进、创新、选择和运用恰当的保障方法，保障与促进客体朝着既定的目标发展，最终实现目标、满足愿望。

（四）高等教育质量保障管理体系的模式

高等教育质量保障就其本质而言，是政府、高校与社会为了实现其各自的价值需求而实行的价值选择和价值博弈的过程。在选择和博弈的过程中，国家权力、市场和院校自治这三种力量在不同的时空背景下的张力整合，就形成了不同的质量保障模式。在过去的时期中，世界各国的高等教育质量保障运动中，产生了各种不同历史文化背景的、受不同政治经济体制和高等教育管理体制影响的、反映了不同教育价值观的保障模式。

换言之，每一种模式的形成都是特定环境下高等教育质量保障主体之间博弈的结果。每一种模式都有其独特的结构与特征、优势与不足。模式变革的趋势朝多元复合型模式发展，以有效地协调多元主体的价值需求，在国家权力、市场与院校自治之间达到平衡。质量保障模式可分为抽象模式和具体模式。

1. 抽象模式

所谓抽象模式是指根据国家、市场和院校这三种权利主体不同的作用力度和作用方式，将各种模式的特征予以抽象归纳而划分出来的模式。高等教育质量保障实践中所形成的模式可以分为五种，即自主型模式、控制型模式、市场型模式、合作型模式与多元复合型模式，具体的特征分析如下：

（1）自主型模式。所谓自主型模式，是指政府与社会不参与高等教育质量保障活动，而由高等学校全面负责高等教育质量保障事宜的一种质量保障的制度。在自主型模式中，高校通过其内部质量保障的政策与过程，向政府和社会做出质量承诺并且赢得他们的信任。自主型模式的特点具体如下：

第一，自主性。即自主制定质量标准；自主设立质量保障机构；根据学校的发展目标和规划，自主决定质量保障的内容和侧重点；学校结合自身的传统与特色，自主选择质量保障的程序与方法；自主决定评估结果的用途。

第二，发展性。发展性特征主要体现在质量观、质量保障的目的和方法等方面。在质量观上，质量被认为是卓越的，质量是动态的、发展的；在质量保障的目的上，更加强调实质性目的，即质量的改进与提高，并且借助系统性、周期性评估手段，以实现其诊断与调节功能，发现问题，寻求改进对策，促进学校工作的不断完善；在质量保障方法上，运用自我评估、同行评估，强调内在动机的激励和自我发展。

第三，单一性。自主型模式的单一性特征体现在质量保障主体和权利结构上，即质量保障主体的单一，权利的单一。

第四，封闭性。由于质量保障主体及权利的单一，使得自主型模式呈现出一定的封闭性，即质量保障的政策，包括质量保障的目的、侧重点、机构的设置、程序与方法等，都由学校自主决定，并由学校组织力量加以实施，在这个质量保障过程中，外界的力量对学校的影响相对较小。

（2）控制型模式。所谓控制型模式，是指在高等教育质量保障活动中国家权力起主导作用，由国家意志的执行政府机构监督高校对政策的执行情况，对高等学校实施全方位的质量控制，并且向社会做出质量承诺和担保的高等教育质量管理制度。控制型模式具有强制性、统一性和直接性的特点。

（3）市场型模式。市场型模式是指在高等教育质量保障中，市场的调节和导向起主导作用，政府、高校和学生都以市场为中介实现各自的高等教育质量需求。一般情况而言，政府不参与、不干涉高等教育质量保障活动，而是将竞争机制引入高等教育领域，让高等院校面向社会自主办学，直接参与生源市场、科技市场和劳动力市场的竞争。学校可以依据评估结果向政府提出自己的要求，社会可以利用评估结果选择学校、专业和毕业生。市场型模式具有间接性、资源性和民主性以及多样性的特征。

（4）合作型模式。合作型模式是指在高等教育质量保障中，由政府和高校共同承担高等教育质量保障的责任。政府和高校基于一定的共识，通过协商达成在高等教育质量保障中的合作关系，即由高校负责其自身的内部质量保障，高等教育外部质量保障则由政府负责，由此政府和高校会共同向社会做出质量承诺，并且赢得社会的信任。

由政府和高校合作、共同承担高等教育质量保障责任的合作型模式，在高校自治和绩效责任之间达到了一定程度的平衡，但是由于主导合作型模式运行的主要还是国家权力和院校的自治力量，市场机制的作用甚微，这就使得高等教育质量保障的过程复杂、程序烦琐、成本过高。因此，合作型模式具有互补性、协调性和复杂性的特征。

（5）多元复合型模式。所谓多元复合型模式，是指政府、高校和社会共同参与高等教育质量保障的管理制度。多元复合型模式不是以院校、政府或者其中任何一方的价值需求作为唯一的出发点，而是综合考虑各主体的需求，并且加以平衡，常常通过一定的协调、整合机制，使得国家权力、市场与院校自治的力量得以比较均衡地配置，从而制定出能够反映多方意志和利益的质量保障政策，并且加以实施。因此，多元复合型模式也可以称为平衡型模式，具有多元性、自愿性与强制性统一，全面性与稳定性特征。多元复合型模式是一种较为理想的质量保障模式，它能够有效地协调多元主体的价值需求与价值冲突，在国家权力、市场逻辑与大学自治之间达到平衡，并且实现高等教育质量保障的实质性目的与工具性目的的统一。从世界上高等教育质量保障运动的发展历程来看，高等教育质量保障具有向此种模式靠拢的趋势。

2. 具体模式

不同的高等教育质量观会导致不同的高等教育质量保障模式。目前，高等教育质量保障具体模式主要有 BS5750 或 ISO 9000[①] 质量保障模式、绩效指标模式和专家管理模式这三种，具体内容如下：

（1）BS5750 或 ISO 9000 质量保障模式。这是西方工商管理质量保障模式在高等教育管理中的延伸。BS5750 系列标准是由"英国标准协会"为检验控制其产品质量而制定的，

---

① ISO 9000 品质体系认证机构是经过国家认可的权威机构，对品质体系的审核要求非常严格。

在 20 世纪 80 年代后期、90 年代初期被引入高等教育领域。ISO 9000 是国际标准化组织以之前的标准为基础，参考加拿大标准 CSA2299、美国标准 ASGC21.15 而制定的。

BS5750 或 ISO 9000 质量保障模式的理念是：虽然工商界的情况与高等教育界的情况有很大的不同，但是其"满足用户需求"的基本原理，完全适用于高等教育。因此，BS5750 标准的基本精神与质量保障程序被引入教学领域，形成了大学教学质量保障的 BS5750 模式或 ISO 9000 模式。BS5750 或 ISO 9000 质量保障模式具有的特征包括：源于工商界，"市场化"特征明显，以满足用户需求为根本宗旨，为基于外适性质量观的质量保障；具有一定的外适性，但本质上还是属于校内管理，强调学校与全体员工的参与，这与大学维护自身的自主权并不相悖；受工商界管理模式影响，关注教学过程中的所有关键活动，注重实证指标与量化要求。

（2）绩效指标模式。绩效指标模式是由欧盟组织研究开发的。欧盟各国对高等教育绩效指标做了大量的研究。早在 1984 年 3 月，英国副校长与校长委员会就提出关于大学效益问题的研究课题。以后该委员会邀请了伯明翰大学理事会主席加雷特组成了专门委员会进行研究。在研究的基础上，需要编一套评价高等教育的绩效指标。随后，在英国副校长与校长委员会、大学拨款委员会的共同努力下，英国 1986 年发布了第一套关于大学的绩效指标。在这以后，关于高等教育绩效指标的研究在英国不断出现。其中特别需要重视的是，经济合作与发展组织在 1990 年与 1993 年先后两次发布了《高等教育指标的编制——欧盟十一国纲要》和《高等教育绩效指标的编制——欧盟十二国纲要》。与 BS5750 质量保障模式不同的是，学术性要求的指标已经被放在质量保障的重要位置，从而反映出两个模式在教育价值观和质量观上的分歧。

（3）专家管理模式。专家管理模式是由英国学者埃尔顿提出来的。随着质量运动在英国的开展，发端于工业界的全面质量管理思想，被引入高等教育领域并且迅速用于实践，专家管理模式在这样的大背景下应运而生。全面质量管理理论认为，生产产品或者服务的质量，既不能组织外部也不能从组织的上层得以维持，它需要组织全体成员的全面参与和无私奉献，即全面质量管理理论的主要信条，也是大学实施专家质量保障模式的理论前提。专家管理模式的各阶段如下：

大学通过日益增长的专业化，与用户协商确定其目标及标准；根据学生学习环境的总体特性解释其目标与标准；通过在个别教师以及学校层次上的正式自我评价程序，来监督与评价学生学习环境；教师的自我评价要继之以职工评价，学校的自我评价要继之以课程评价、管理评价与资源评价；在合适的时候，评价结果可以作为师资培训与发展、课程设置与资源配置的依据；上述程序构成了一个内部质量保障管理体系；通过外部质量审核或者类似的过程进行质量保障；由定期的同行评价，对学生学习环境进行直接的质量评价；通过可公开的质量审核与评价对"用户"负责；根据质量保障过程中得到的实证材料，大学与"用户"协商重新界定其目标与标准；教师得到培训与发展后，专业水平得到提高。

总而言之，专家管理模式是在全面质量管理理论的基础上发展起来的，其最重要的也正在于其发展性。专家管理模式从学校设立目标开始，直至促进教师的专业化，又为重新确定目标奠定基础，新的质量周期又再次开始。如此螺旋式地往复，达到持续保障与改进教育质量的目的。

（五）高等教育质量保障管理体系的方法

从全球范围来看，在高等教育界主要有三种质量保障方法：评估、认证和审核。但是，它们的定义并不是非常明晰，功能也有所重合。此外，排行榜、绩效指标、基准参照和考试、测试也可用来保障高等教育质量，但是通常将它们视为质量保障工具，还有一些院校采用 ISO 9000 的方式。例如，在澳大利亚的很多技术学院就采用 ISO 9000 标准与方法进行内部质量保障。

1. 质量保障方法——评估

评估是一种评价，评估的结果表现为一种等级，或为数字（如百分比或者范围更小的等级），或为字符，或为描述性语言。评估指结果有多好，评估本身并不包含质量改善的目的，而这对一个院校的发展是必要的。另外，评估更容易走向量化评价而不是质性评价。

2. 质量保障方法——认证

认证是一个合法负责的机构或者协会对学校、学院、大学或者专业学习项目（课程）是否达到某既定资源和教育标准的公共性认定。认证通过启动性和阶段性的评估得以进行。认证过程的宗旨是提供一个公认的、对教育机构或者项目质量的专业评估，并且促进这些机构和项目不断地改进和提升质量。认证用来评价院校是否符合一定的称号或者达到一定的地位，它是国家建立质量保障系统的首要选择。这种称号或地位对于机构本身或者学生有特定的意义，如机构获得办学许可或有资格取得外部资助，学生有资格取得资助或者得到专业学位等。

认证有双重目的，即质量评估和质量改善。认证在考虑输入的同时也重视结果。认证的结果一般表述为是或者否，但有时可以用等级分来确定结果，因此，评估和认证都有可能产生一串数字的分数。认证有时也被称为注册或者批准。一般而言，一个通过认证的高等教育机构或者项目具有的特征包括：①有高等教育界认可的明确目标。②具有实现目标的财力、人力和物力资源。③显示出正在实现这些目标。

3. 质量保障方法——审核

高等教育质量的审核是指在完成上述的评估、认证后的最后一部分。审核是指在一定的质量观视角下对高等教育质量进行最终评价的步骤。审核的主管部门应该是教育行政部门或者第三方评价机构。审核的部分包括对于高等教育质量认证与评价结果的功能。高等教育的质量审核过程的意义在于，不仅是高等教育质量保障的最终屏障，更是高等教育质量保障管理体系建设的纠偏机制。因此，高等教育的质量审核需要坚持公平与公正的原则，在坚持国家法律法规的条件下，通过设立的标准进行实地考察。同时，高等教育质量的审核应建立动态的审核机制，贯穿于高等教育质量保障管理体系建设的整个过程。

第二节　大数据背景下的高校教育质量管理体系

"互联网的出现为各行各业的发展提供了便利条件。"[①] 学校开展的各项教学活动是教学质量的一种动态体现，是学生在教师的引导下，系统学习科学文化基础知识和基本技能，确立科学的世界观、人生观和道德观，发展智力和体力，提高学生全面素质的过程。因此对整个教学过程实施质量监控，确保教学过程各个环节的有效运转，真正做到按教学自身发展的规律组织教学，运用科学的方法管理教学，调动全体师生在教与学当中的积极性、创造性，实现教学管理科学化、民主化、现代化是非常重要的。通过监控体系的建立与实施，不断提高高等学校的教育教学质量。

教学质量保障管理体系是指学校以提高和保证教学质量为目标，运用系统方法，依靠必要的组织结构，把学校各部门、各环节与教学质量有关的质量管理活动组织起来，将教学和信息反馈过程中影响教学质量的一切因素控制起来，形成有明确任务、职责、权限、相互协调、相互促进的教学质量管理的有机整体。

一、大数据背景下重构教学质量监控的过程管理体系

在新时期，深入贯彻，再造合理、完善的教学质量监控体系是全面提高教学质量的必然要求，是依法治理学校的良好体现，关系到学校发展的各个环节，是一项庞大的系统工程，也是学校改革与发展的一项艰巨任务。高等学校教学质量的主要影响因素分硬件与软件两方面，硬件方面主要是教学设施条件，软件方面有生源质量、教师的教学水平、

---

① 熊桂芳，郭润平．大数据时代下的高校教育管理信息化创新路径分析［J］．科技资讯，2022，20（8）：16.

学生的学习水平、校风、教学管理水平等。其中教学质量管理在学校现有办学条件下起着非常重要的作用，其重点是对教学的全过程进行有效的教学质量监控。在新形势下，采取一系列措施再造与重构教学质量监控过程管理体系并付诸实践，对于全面提高教学质量起着关键的作用。

（一）管理体系的指导思想和基本原则

1. 管理体系的指导思想

在大数据背景下，坚持以教学质量为生命线和以学生为本的指导思想，重视教学各环节的教学质量，可以使教学质量监控与保障体系运行始终围绕高素质创新人才的培养。

2. 管理体系的基本原则

（1）目标原则：大数据背景下的教学质量监控与保障的目的是保证完成教学任务，实现培养目标。其任务就是发现偏离于计划目标的误差，并采取有效的措施纠正发生的偏差，从而确保教学任务与培养目标的实现。

（2）全员性原则：大数据背景下教学质量管理离不开全体师生员工的共同努力，每个人都是质量监控与保障系统中的一员，其中学生是主体，教师是主导，系（部）、教研室是基础，职能部门是核心，院系领导是保证。

（3）系统性原则：大数据背景下的教学质量涉及教师、学生、教学设施等多方面，同时，与学院办学定位、培养目标和管理等密切相关，是一个系统共同作用的结果。由学院、职能部门、系（部）、教研室和学生班级等构成的一个多层次、纵横交叉的网络，是一个完整的教学管理系统。

（4）全程性原则：大数据背景下的教学质量主要是在教学实施过程中形成的，质量监控与保障系统应能对教学的全过程进行监控，要做到事先监控准备过程，事中监控实施过程，事后监控整改过程。

（二）管理体系的目标和相关保障措施

1. 管理体系的目标

大数据背景下，构建教学监控与保障体系，重点是建立和完善科学、合理、易于操作的评估高校高等教育教学管理研究与进展指标体系与相应的奖惩制度。通过教学质量的动态管理，促进学院合理、高效地利用各种资源，保证教学工作的正常运行，全面提升学院教学质量。

2. 管理体系的保障措施

（1）组织保障。大数据背景下，确保教学质量保障与监控体系的正常运行，充分发挥全员性原则，建立校院两级组织机构，形成"专兼并举，主辅结合"的管理队伍，形成管理合力。

（2）制度保障。大数据背景下，使各项教学管理工作制度化、科学化、规范化和现代化，保证教学工作有序进行与教学质量不断提高，系统地建立一套较为完整的管理规范体系，使整个教学活动有章可循、规范有序。

（3）经费保障。大数据背景下，促进教学质量不断提高，在教学设施建设、专业建设、课程建设、师资队伍激励等方面按照建设与发展要求，给予经费支持。

（三）教学质量监控和保障体系的构成

教学质量监控与保障体系由教学质量管理的决策系统、教学质量管理的监控系统、教学质量管理的实施系统、教学质量管理的信息收集系统、教学质量管理的信息反馈系统五个子系统组成。教学质量监控与保障体系是一个逐层向下监控、逐层向上负责的"责权合一"的质量管理系统。高等教学工作的组织、安排的责任在学校及各相关学院，教学环节的设计与实施的责任在教师。

1. 教学质量管理的决策系统

教学质量管理决策系统由主管教学校长负责的教育教学建设委员会组成。通过教育教学建设委员会等组织开展教学决策活动，负责对教学工作进行宏观指导与管理，审定各教学环节的质量标准，协助协调各院（系）、职能部门按照基地的发展定位、办学理念和人才培养目标，制订高等教育教学改革与发展规划和条件建设计划。

2. 教学质量管理的监控系统

教学质量管理监控系统由学院（系）的院级领导小组组成。通过制定一系列规章制度，激励广大教师开展教学工作，负责组织学院（系）教育教学建设委员会委员、教学督导专家、管理人员及学院（系）聘请的其他人员，对教学工作各个环节进行质量巡查，开展高等教学工作状态监控，实施质量评估。

3. 教学质量管理的实施系统

教学质量管理实施系统由教学副院长（主任）负责的教学质量管理保证系统组成，负责落实学院（系）教学工作的中心地位、落实授课教师教学任务、推进教学内容与课程体系改革、做好专业、课程、教材、现代化教学手段建设等工作；配合学院（系）完成对各教学环节教学工作的状态监控和质量评估。

4. 教学质量管理的信息收集系统

由院（部、系）教学副院长（主任）负责的教学质量管理信息收集系统组成，包括教师评学、学生评教。通过各种方式，广泛收集各级各类人员和学生对教师课堂教学效果的评价意见，对教风学风建设、教学改革的有关建议；对实践教学环节，尤其是对毕业论文（设计）的意见和建议等。汇总、处理各类意见和建议，及时反馈给相关学院、授课教师、学生班级和学生管理部门等。

5. 教学质量管理的信息反馈系统

由院（部、系）教学副院长（主任）负责反馈教学状态及质量测评结果，信息及时到位，问题、责任到人，发现问题限期整改。对于通过教学检查、质量抽查或其他渠道获取的教学信息，通过文件、报告、简报或校内媒体等方式及时发布给有关教学单位和部门，要召开教学信息反馈会，敦促教学问题要尽快解决。

（四）教学质量监控的主要环节及其实施要点

第一，专业建设。专业建设的主要监控点为人才培养目标，人才培养方案的制订、执行与调整，专业办学水平与特色，课程体系建设等方面。

第二，课程建设。课程建设的质量监控主要从建设目标、实施计划、课程师资梯队、特色创建、改革成效等方面进行评价。

第三，教学大纲的实施。教学大纲是进行教学管理、教师组织教学的主要依据。对教学计划、教学大纲实施情况的监控主要从课程安排情况、教学计划落实情况、实验课开设情况、实践环节的落实情况、教学大纲编写、教材选用、学生考试情况等方面进行评价。

第四，课堂教学。课堂教学是教学质量的核心环节。主要从课前准备、教学过程、课外作业与辅导、成绩考评等方面实施监控，包括备课是否充分、教案是否完整、教材是否恰当；讲授是否清晰、概念是否准确、内容是否更新、重点是否突出、是否启发思维、是否因材施教；课后作业与辅导是否到位；学生课程学习成绩考核是否科学、合理等。

第五，教材质量。对教材质量的监控主要从教材水平、使用效果等方面进行评价。

第六，实践教学。实践教学监控主要考核创新科研实验平台的内容与体系改革，实践计划、执行及效果。

第七，毕业设计（论文）。毕业设计（论文）监控主要从选题性质、难度、分量，开题、中期、答辩、综合训练度、指导教师资格与水平及精力投入，学生学习态度、实际能力、设计（论文）质量、规范度、基础理论与专业知识、学术水平等方面进行评价。

第八，教学效果。教学效果监控主要从讲授质量、教学方法运用、教学手段的使用，教书育人、因材施教、学生学习课程知识的情况，考核试题与评阅质量等方面进行过程监测和事后评价。

第九，教学改革。教学改革一方面着重于教学管理、教学内容与课程体系、人才培养模式、实践教学、文化素质教育等方面的改革成效；另一方面侧重于教学内容的改革、教学方法与手段的创新、多媒体课件的开发，争取教改项目的积极性、推出教研成果、编写并出版高质量的教材或教学参考书等方面。

二、大数据背景下高校教学质量督导现状及其优化措施

大数据背景下，教学质量是学校的生命线，加强教学管理，建立行之有效的评价与约束机制，构建合理的教学质量监控与保障体系，成为高校十分关注与亟待解决的重要工作，教学督导体制作为教学质量监控系统体系的重要子系统，也成为教学管理改革与发展的必然趋势。教学督导是高校对教学质量监督、控制、评估、指导等一系列活动的总称，目前主要的工作方式是通过对教学活动全过程和教学管理进行检查、监督，掌握情况，总结经验，发现问题并及时分析指导，从而保证教学质量的提高。

（一）大数据背景下高校教学质量督导现状

1. 教学督导制度保障和运行机制方面的现状

随着高等教育改革的不断深化，以及信息技术的不断发展，高校教学质量的竞争越来越激烈，许多高校为提高其核心竞争力，先后建立了校、院（系）两级教学督导制度。一般情况下，这些督导机构都是在主管教学副校长的领导下开展工作，按照国家教育方针、政策和学校的规章制度，以专家身份面对校内的教与学双方和教学过程，对影响高校教学质量的各种因素进行监督、检查、评估、指导等活动。

多数高校制定了专门的教学督导文件，以保证教学督导工作有章可循，如《北京科技大学高等教育教学督导组工作管理办法》《广东工业大学教学工作督导工作规定》《华北理工大学教学督导委员会工作实施细则》等，对教学督导的职能定位、职责及人员组成做出了界定。例如，华北理工大学在选聘督导人员方面要求聘请治学严谨、为人师表、学术水平高、教学经验丰富、有一定影响力的教授，退休教授与在职教授比例为 2：1，有力保证了教学督导工作的有效实施。

多数高校教学督导机构有两种模式：一种是由校长或者主管教学工作的副校长直接领导下的独立部门，与教务处平行没有隶属关系的教学督导部门；另一种是挂靠在教务处或高教研究所，或是教务处下属的一个科室、督导组。第二种模式占较大比例，督导

组可以较方便、及时地获取信息，但缺乏自身机构的运行机制和规则，缺乏有效的制度和机制保证，教学督导的定位不明确，工作职责不明确，督导效果不明显。

2. 教学督导工作职能和工作方式方面的现状

大数据背景下，许多地方高校教学督导工作开展的效果很好，如教学督导人员随机性、经常性深入课堂听课，将问题及时向学校反馈，学校及时采取措施进行解决，保证了日常教学秩序的正常运行；教学督导人员参与各教学单位的教学检查，推动了二级学院教学管理的不断完善与健全；教学督导人员通过课堂教学督导与教师专项培训活动，促进了青年教师快速优质过教学关，提升师资队伍水平；督导人员参与精品课程、建设与评估，推动了学校课程体系、教学手段与方法改革；督导人员参与教学评估、专业认证、教学评估等工作，推动了学校学科专业建设，使学校的教学水平与质量不断提升。

部分地方院校把教学督导工作简单地理解为督促检查，具体工作就是帮助学校收集信息、做出评价、上报结果，重检查轻指导、重发现问题轻解决问题，督导工作停留在发现问题的阶段，如有的高校只通过督导人员听一次课后，就简单地对教师课堂教学质量进行评定，而且评定结果与职称、评优、评先考核结合，不仅教学督导职能没有得到充分发挥，而且容易使教师对督导工作产生抵触态度，产生误解，形成逆反心理，使督导工作难以达到真正的效果。

（二）大数据背景下高校教学质量督导工作的优化措施

1. 构建完善的督导制度体系

（1）确定合理的督导模式。在大数据背景下，随着新一轮普通高等学校高等教学工作合格评估的开展，学校应以促进教学质量的提高为重心，以发现问题为前提，以改革教学环节为途径，重新定位教学督导工作，重构与高等教学合格评估相结合的校、院二级督导管理机构，在二级学院成立院级督导小组，教学督导工作重心下移，进一步强化各学院的自我质量监控功能，充分调动二级学院的积极性，发挥各学科专家在各自专业方面的优势，使督导工作更有针对性与实效。

（2）健全教学督导体系。在大数据背景下，应该利用先进技术进一步明确督导人员的责、权、利，提高教学督导在质量监控体系中的地位和作用，强化其督导功能。

2. 督导和服务互相"融合"

在大数据背景下，"导"是教学工作的重点内容，"督"是为了更有效地"导"，以"督"为辅，以"导"为主，两者相融合才能使"导"具体到位，"督"得到延伸和落实。督导人员要通过对教师工作的"督"，了解和掌握其不足，帮助他们解决教学中出现的问题，改革教学方法与手段，提高教学技能；督导人员要挖掘教师的潜能，帮助他们总结经验，养成个性化的教学风格。同时，校院两级管理部门要定期组织召开督导工作会议，听取建议，梳理信息，解决督导中存在的问题，帮助督导人员提高工作效率与督导水平，以便更好地服务教学工作。

3. 构建"三督一体"督导内容体系

在大数据背景下，教学督导的内容包括督教、督学和督管三个主要环节。督教是对教学环节的监督检查，大部分地方高校较重视督教，而督学和督管工作未得到体现。督学是对学生学习活动过程的检查与指导，学生是体现学校教学质量的载体，是教学督导的重要对象。督学的内容包括学生"三观"、学习自觉性等德智体多方面。通过督学促进学生自我控制、自我管理，提高学生综合素质。督管是对教学管理人员的检查指导，一方面，学校要对教学管理人员的工作进行检查评议，保证教学管理部门最大限度地履行其教学管理职责；另一方面，学校要对教学管理人员进行系统的教学管理知识培训，提高教学管理人员的素养和能力。可见，只有构建"三督一体"的督导内容体系，才能真正全面、高效地发挥教学督导的作用。

4. 增强督导队伍的专业化建设

其他国家历来重视督导人员的整体素质，督导人员精通教育理论、教育管理与教学实践。在大数据背景下，建立一支专兼职相结合，专业、年龄结构合理，素质良好的督导队伍是高等教育教学改革与发展的需要，也是高校提高教学质量的必然要求。高校要加强督导队伍的专业化建设，加强督导队伍的专业结构优化，要求督导人员具有专业知识、专业技能和职业道德；建立有效的教学督导人员培训机制；明确其职责与职权；加强其理论与技术研究，提高督导工作水平。

总而言之，在大数据背景下，教学督导作为一项保证教学质量的有效手段，在教育决策的制定、教学管理的规范和教学质量的提升等方面发挥了积极的作用。高校的教学督导系统能否顺利构建及优质运行，其关键取决于是否具备一支高素质的督导队伍。

第三节　大数据背景下高校教育质量的评价体系

随着大数据时代的来临，信息技术快速发展，地方高校教育质量评价体系建设实现技术共享，同时，在应用中更加高效、便利。如果过于依赖大数据，也会导致高校教育内容创新失去活力。高校是培养社会所需各种人才的摇篮，高等教育没有人才产出或缺少人才市场导向，会导致高等教育无法拥有积极、有效的评价机制，不利于其可持续发展。

"建立科学合理有效的教学质量评价体系已然成为各所高校的应时之需。"[①] 鉴于此，在大数据时代，要坚持以人为本理念，以评促管，以评促建，以评促改，提升高等教育质量评价体系的实效性。大数据背景下高校教育质量评价体系的优化路径内容如下：

一、制定学科专业评价和教师定性评价机制

在高等教育质量评价体系中，大数据应用有数据分析、检索、存储作用，但不能将评价权完全交予人工智能或信息技术智能终端。在高等教育中，教师的引导作用不可忽视，因此，要制定学科专业评价与教师定性评价的良好互动机制，提升高等教育质量体系的专业适用性，同时让教师更好地引导学生。首先，在大数据背景下，教师要构建定性评价机制，充分体现教师的评价作用。其次，在学科专业评价与教师定性评价的基础上，可以利用信息技术管理、评价数据，增强高等教育质量评价体系的实用性，使二者实现良好互动。最后，构建高校本科教学基本状态数据库，避免教师定性评价缺少科学性与客观性，使教师定性评价能够有科学依据，便于教师更好地监控高等教学质量及教学工作。

二、构建对接人才、创新、产业链的专业评价体系

高校人才产出质量能够衡量高等教育质量，而高等教育质量评价体系的构建，也是为了增强高等教育质量。因此，要全方位改进高等专业教育过程，构建对接人才链、创新链、产业链的专业评价体系，使评价体系与中国人才市场需求相符，提升体系的实际效能，使人才供给与市场需求能够达到长效融合。首先，要调整专业人才培养评价方案，更好地获取人才需求信息，增加人才市场信息与高校高等专业的沟通渠道，以免出现高等教育质量评价体系无法适应具体专业的问题，使人才培养达到产教融合的目的。其次，要有效连接专业人才培养创新链、产业链、人才链、教育链，在专业教育质量评价体系中设计产教融合指标。最后，要不断推进专业课程，整改管理评价，实现产教融合体系与人才评价体系的衔接。

三、坚持以学促教，拓展学生参与监督评价的渠道

高校在人才培养中具有自律、自主、自由等特征，是培养创新人才的良好载体。而高校崇尚平等育人、自由的环境，这与高等教育质量评价制度等级化、严格化存在冲突。为解决这一矛盾，必须坚持以学促教，构建完善的高等教育质量评价体系。首先，可以构建大学生参与的教育评价、质量评价常态数据管理库，让大学生能够对校园软硬件环境、产教融合现状、教师授课情况、专业课程建设进行理性评价，并使其积极参与到教育质

---

① 于凡. 教育大数据视阈下高校教学质量评价体系的相关研究 [J]. 黑龙江教师发展学院学报，2022，41（9）：34.

量评价中，避免在其中掺杂报复化、情绪化动机，导致教师受到错误的评判。其次，要拓展大学生参与监督与评价的渠道，使其更加多元化，同时，推动人才培养。例如，上海市某些高校实施绿色指标评价机制，坚持以学生为中心，让大学生能够参与到课程管理、改革教育质量、评价教学内容、优化课程、科学布局、专业学科建设、高等专业教育质量评价中，实现以评促建、以学促教联动效应。

四、创新教育质量评价体系的指标内容，实现融合发展

大数据能够使高等教育质量评估、审核更加便捷，实现以评促改的目标。但是，大数据难以改变教育评价体系的指标内容。因此，高校要加强高等教育质量体系构建的灵活性，设计更加符合客观情况的科学内容，科学开展创新性评价与审核评估。创设教育质量评价体系的创新性指标内容。首先，要不断改进教师创新性工作评价机制，充分发挥教师的园丁作用，不断提升教师的学术创新能力，更好地实现科研过程育人、学校环境育人、教师理念育人，让教师创新教学，创新科研，实现融合发展，提升高等教育质量。其次，要构建学科建设创新性评价机制，不断健全学科建设创新性评价机制，更好地满足高等教育专业需求，以学科建设实现人才培养。

五、构建教学质量监控体系和制度体系，完善奖惩制度

第一，高校要明确人才培养重点，树立正确的人才衡量标准，认识到要培养怎样的学生，优化与调整专业分布与设置，制订人才培养方案。依据学生自身特点，实施人才培养目标，契合时代经济发展需求。

第二，高校要使人才培养标准细化，在每个环节都要衡量学生的学习状况，如课程考核标准、毕业论文质量标准、实践环节质量标准、课堂教学质量标准、师资队伍建设标准，以用人单位满意度、创新创业开展情况、毕业生就业率、学生综合素质衡量高等教育质量。

第三，高校要构建系统、科学的规章制度，每个环节都要有章可循，完善激励奖惩制度。如教学事故认定办法、优秀毕业论文指导教师、优秀教学管理工作者评选办法、优秀教师评选办法。优化教学质量评估制度，如用人单位走访制度、同行听课、教师评选、学生评教、教学督导工作条例，使教学质量监控的执行体系可以渗透于整个教学过程。这样的做法能够提升教学质量，更好地实施教学质量监控。教学质量监控执行体系包括课程教学资源条件、教学设施、师资队伍建设等不同环节的执行情况，学生的学习效果、学习风气等，以及教师的停课调课、辅导答疑、批改作业、编写教案、使用课件、教学手段与方法、师德师风。

总而言之，在大数据时代，要利用大数据技术监控教学各环节信息，构建高等教育质量评价体系。创设对接人才链、创新链、产业链的专业评价体系，促进学科专业评价与教师定性评价的良好互动机制。坚持以学促教，拓展大学生参与监督与评价的渠道。创设教育质量评价体系的创新性指标内容，实现融合发展，构建教学质量监控的计划体系与制度体系，完善奖惩制度，不断优化人才培养过程，更全面、及时、准确地培养高精尖人才，为决策者提供数据支撑，使其做出客观、精准的判断，提升教学质量。

第四节　大数据背景下高校教育质量管理的创新

一、大数据在高校教育质量管理中的优势

（一）提高教育教学的整体水平

近年来，大数据在高校教育质量管理工作中的作用明显，优势不容忽视。大数据在履行教育质量管理职能的过程中更加凸显管理的整合性、及时性、区分性、前瞻性、权变性等特点。大数据时代，教师将集中挖掘学生特点与专业技能之间的关系，试图通过数据信息分析，找出适宜学生学习最恰当的方法，逐渐减小定期测评在教学质量评估中的作用，构建更权威、更完善的评价体系，解决教育质量管理信度、维度、效度的问题。在满足高校教育利益相关方权利的基础上，实现大数据分析，为教育质量管理提供一种全新的判断评估方式和管理方法。高职院校将大数据的预测、分析和决策融入教育质量管理，解决凭借经验和直觉做出分析和判断的缺失和不足。

（二）突破传统教育方式的局限

在教学模式上，大数据可以根据具体企业、具体岗位的需求设计教学内容和教学方式，也可以针对不同教师和学生的特质分析教学方法，突破传统教学的统一教学方式，实现基于现代技术条件的"私人订制"创新教育，提供"精准性"教育供给，使学生精通专门技艺，提高可持续发展能力和实现高质量就业。

（三）优化教育评估管理的流程

结合系统理论成果，大数据把高校教育视为一个系统，有机联系起系统中的要素，包含教育组织者的高校，接受教育服务的学生、学生家长，使用人才的用人单位，教育主管部门及政府人力资源管理部门等，通过各关联方的数据，从不同视角对高校院校教育质量进行评价，客观、全面地反映出高校院校的评价结果。

高校教育是一个复杂的社会系统，利用大数据将有助于判断影响高校教学质量的因素，分析教育质量管理环节中存在的问题。教师和学生的日常教学和学习产生了大量数据，数据的累积形成了高校教育质量管理数据资源库，这些数据资源无论是全面性、及时性，还是数据的类型，都不同于传统教育质量管理的数据性质，避免了管理过程中"小信息量"的境况。利用"大数据"更加客观，且全时段、全过程的监控评价体系为高校教育评估提供了高效的数据支撑和分析，实现了智慧教学管理，为培育"工匠精神"提供了方向性教育的目标。

二、大数据在高校教育质量管理中的应用

信息化质量管理平台建设是支持高校进行全员、全过程、全方位质量管理的必要手段，运用大数据分析进行质量数据的关联、共享、预警、诊断与质量报告，将推动全面质量控制的进程和实效。

以教学过程管理系统一个数字化教学改革平台为例，该平台可实时监控教师课前、课中、课后教学过程的状态，记录教学过程中产生的数据，分析每位教师的教学工作量和每门课程的教学进度，用大数据分析和指导教学，监控教学实施和教学质量。

备课环节教师可通过网上在线答题的方式，根据大数据进行学情分析和教材分析，建立相应课程的电子书，填写每节课的教学目标、教学重点和难点、教学方法与手段、教学资源、教学引导及课程标准和教案。课前准备和课后巩固阶段可通过下发作业、资源，引导学生自主学习相关内容，使学生明确学习目的、明晰教学重点和难点，同时教师可以通过大数据掌握学生课下自学情况。课中教师可使用平台进行学生考勤和签到管理，给学生发送互动题目，随机提问，还可开展答疑讨论、头脑风暴，并给学生发送课堂测试作业，系统可即时生成答题情况及分数，做到过程性考核评价。同时，学生也可给教师进行点赞或对教师授课过程进行评价，教师可根据学生的反馈及时调整教学策略和方式，提高课堂教学效果和效率。

总而言之，教学改革平台既实现了学生课前课后的碎片化学习，又做到了线上线下教学和学习的有机结合，学生可随时随地学习并与教师进行线上互动，做到课前和课上都在线上的学习。系统能详细记录教师教学情况及学生学习情况的各项轨迹数据，并通过数据分析学生学习内容的掌握情况。

三、大数据背景下高校教育质量管理的创新方法

（一）创建全新的交流新平台

第一，创建平台可以实现学生和学生之间的沟通交流。通过这些平台，学生可以扩

展自身的人际圈，和身边的同学随时联系。他们还可以在平台上发表自己的看法、见解及心情状态，在不断发布和回复中完成和朋友圈的互动，维系彼此的情感，加深彼此的感情和联系。

第二，创建平台可以实现教师和学生之间的沟通交流。教师通过平台和学生实时交流，随时随地解决学生的问题，并在沟通交流中加深彼此的感情。此外，教师可以通过学生一段时期在公众平台上的关注点了解学生的兴趣，并通过这些信息制定贴近学生需求的授课计划和学期规划。教师还可以通过学生这段时间在新媒体平台上发布的心情和状态观察学生的心理动向，及时了解学生的心理状态，并对有问题的学生及时进行心理疏导。

第三，创建平台还可以创新性地实现学校和家长之间的沟通。学校可以通过微信公众号发布学校新近的政策和教学动态，满足家长对学生和学校生活的关注。此外，还可以通过相关微信群实现家长和学校、家长和家长之间的沟通交流，更好地促进学生的成长。

（二）创建统一管理的新平台

随着新媒体在学校内部的普及，各部门纷纷参与其中，建立新平台，用以人员管理和信息发布。在高校日常管理中，无论是党团组织、班级、社团，还是学习小组和宿舍，都可以通过新媒体建立属于自己的管理平台。这种全新的管理办法突破了以往以会议和面对面信息传达为主的管理方式，实现了随时随地信息发布和针对性管理。

（三）创建校园舆论的风向标

在当前信息迅速传播的时代，高校学生极易接受各类外界信息，并积极参与其中。因此，在微信公众号等新媒体平台建设上，学校应发挥舆论导向功能，通过新媒体平台及时关注学生的思想动向，并在重大事件和突发事件来临时，及时引导舆论、控制学生情绪，避免重大群体性事件发生。

大数据时代，数据信息是更及时、更快速的信息，是对学生知识学习和技能掌握的数据统计，相较于能力测试而言能更准确地反映学生学习的真实状况，更有利于进行教学水平的整体提升、教学方式的转变和教育评价体系的构建。高校构建信息化平台，能够为学生提供交流和沟通的渠道和平台，同时，也能及时收集学生的真实数据，为学校的教育质量管理提供分析数据。通过这一平台还可以辅助进行学校的教育教学管理。如今，将微信群等公众平台纳入高校甚至是高校教育管理的视野，利用新媒体切入学生生活，已成为高校教育质量管理体系中的重要组成部分，也成为高校教育质量管理的重要方式。这类数据平台的构建和利用，一方面，可以大范围和学生及时沟通，及时处理突发事件；另一方面，可以解决由于新媒体引入高校教育的时间较短，存在的内容更新不及时、内容单一等问题。

四、大数据背景下高校教育质量管理的创新实践

课堂教学作为高校人才培养的重要载体，在教学理念、内容、方法等方面的创新水平严重影响着人才培养质量。当前，人工智能、大数据、区块链等技术发展迅速，推动了教育教学方式的数字化、智能化改革。当前，在疫情防控常态化背景下，高校要开展线上线下同步教学，教师要具备实施线上线下混合式教学的技能，学生要能快速适应线上教学模式。在"互联网＋"背景下，基于 OBE 教育理念，创新教育教学方式，提升课堂教学质量管理，提高线上线下混合式教学实效，具有重要意义。

OBE（Outcomes-based Education, OBE）教育理念即成果导向教育理念，又称为需求导向、能力导向教育理念，源自 20 世纪 80 年代美国的基础教育改革运动，突出教育的实用性和成果的重要性。OBE 教育理念注重人才培养的社会需求性，强调围绕学习产出来安排教学实际和设计关键教学资源。近年来，OBE 教育理念被广泛运用到我国高校专业建设、教育教学改革等方面，强调坚持以学生为本、采用逆向思维的方式进行课程体系建设，着重培养学生在未来工作中应具备的素质能力。因此，以学生能力培养为核心，要求学生互动参与教学过程，以团队小组形式开展合作研讨、探究式学习，增强师生互动，持续改进学习效果。而互联网信息技术的发展，为 OBE 教育理念下以学生为中心的线上线下混合式教学改革提供了技术支持。慕课被引入我国以后，开启了在线教育跨时代发展，特别是新冠肺炎疫情发生后，加速了在线教学方式的推广普及。

当前，线上线下混合式教学显现三大优点：①便捷高效性。突破了传统课堂教学的时空限制，教师利用线上教学平台，快速完成课程的线上建课任务，学生可自主选择舒适的空间去学习。例如，企业微信可以"一键建课"，教师可十分便捷地将学生拉入课程群，开展直播教学活动。②开放共享性。教师的线上课程资源，既可以来自本课程的教学资料积累，又可以引入国内外知名高校开设的精品在线课程学习资源，供学生随时观看。③探究合作性。基于 OBE 教育理念，依托超星学习通、雨课堂、企业微信等教学平台，方便师生开展教学研讨活动。但是，由于高校开展大规模混合式教学时间短，线上教学平台多且平台兼容性差，各高校线上教学软硬件配置参差不齐，教师对线上教学方法、技能掌握不娴熟，导致学生需要安装多个平台客户端，针对不同课程需要频繁切换平台，从而影响教学质量管理和人才培养水平。

（一）线上线下混合式教学质量管理的主要影响因素分析

教学质量管理是影响人才培养水平的重要指标，而教师的教学效果是影响教学质量管理的重要因素。对教学效果的衡量应涵盖立德树人、课堂讲授、讨论、实验课、习题课、辅导答疑、期末考核等全部教学环节。教学质量管理的标准制定过程中要把握三大原则，

即突出学生中心，注重激发学生的学习兴趣和潜能，创新形式、改革教法、强化实践，推动高等教学从"教得好"向"学得好"转变；突出产出导向，主动对接经济社会发展需求，科学合理设定人才培养目标；突出持续改进，强调做好教学工作要建立学校质量保障管理体系，要把常态监测与定期评估有机结合，及时评价、及时反馈、持续改进，推动教育质量不断提升。

线上线下混合式教学突破了传统教学的时空限制，一方面，对教室的设备设施、网络软硬件环境及在线教学平台、教师的教学方法技能等有着较高的要求；另一方面，要求学生配备计算机、摄像头等设备以及网络流量，能够快速适应线上教学的各项任务要求。影响混合式教学质量管理的因素，集中体现在硬件配置、软件保障、技能支持三大层面。首先，教室多媒体讲台、音响设备设施陈旧，缺少麦克风、摄像头等必要设备，导致无法开展线上同步教学；其次，教室网络不通畅，教师上网程序烦琐、忘记个人账号密码，选用线上教学平台多，直播卡顿、一直加载，导致线上调用课程资源、师生互动研讨难以正常进行；最后，部分教师不熟悉多媒体设备操作，不会使用超星学习通、企业微信、钉钉等进行课堂直播，生硬将传统教学方法搬到线上，缺少与学生的互动交流，导致学生学习主动性不足。由此可见，当前混合式教学仍处于起步阶段，教学过程中需要的软硬件设备设施、网络技术支持、教师教学技能掌握是影响混合式教学质量管理的重要因素。

（二）基于 OBE 教育理念提升混合式教学质量管理的策略

OBE 教育理念的产出导向，更加注重教学质量管理提升和学生学习能力的培养，在课程教学模式改革中，要以学生为中心，反向设计课程体系，培养他们适应社会需求的专业知识和素质。在教学方式上，转变教师"教"、学生"学"的传统角色，以灵活性、互动式、探究式教学活动，满足学生个性化、多样化需求，引入多元化考核评价标准，持续改进教学质量管理，为社会培养更多优秀人才。互联网技术的应用，深刻改变了高校教学模式，突破了传统教学的时空限制和教师为主的满堂灌输授课方式，为 OBE 教育理念下高校创新型人才培养提供了技术支持。基于 OBE 教育理念提升高校混合式教学质量管理的策略具体内容如下：

第一，从思想理念上高度重视混合式教学模式改革。因疫情防控需要，高校在短时间内开展大规模线上教学，取得了良好的成效。但随着疫情防控常态化，部分高校对开展线上教学的要求放松，教师在可进行线下教学时，主动开展混合式教学的动力不足，积累的线上教学资源也难以保存或更新。

第二，学校要及时更新混合式教学需要的软硬件设备。智慧教学是现代教学模式创新的重要方向，表现为数字化、集成化、智能化、互动化，增强了课堂教学的趣味性、创新性，学生学习的主动性。开展线上线下混合式教学，对教室的多媒体、摄像头、音频设备、网络等有较高要求。

第三，高校要加大教师教学技能培训，大力支持线上课程建设。教师开展混合式教学，需要掌握超星学习通、企业微信、钉钉等教学平台的使用方法，并利用教学平台建设课程，充实课程学习课件、讲义、视频、习题等资源，熟练地进行签到、分组、作业批改、留言讨论、考试等教学活动。从调查情况来看，部分教师仅是将线下教学搬到线上进行，简单进行 PPT 展示，满堂灌输、缺少互动性，不愿意主动学习线上教学技能。例如，开展线上教学后，学校积极鼓励教师开展线上考试，但实际进行线上考试的课程较少，部分教师选择延期线下考试。尽管难以开展线上考试的原因很多，但教师对进行线上考试的操作流程、技能要求等存在畏难情绪是重要原因之一。

第四，高校要始终以 OBE 教育理念为引导，以学生为中心，优化教育教学模式，适应学生多元化学习需要。高校要随时准备线上线下教学模式切换，推动混合式教学由应急性转向常态化，将其打造成为高校教学模式改革的突破口和展示窗口。

第六章　大数据背景下高校教育管理信息化的创新研究

第一节　校园微博文化与高校班级管理的创新

一、校园微博文化与高校班级管理的创新目标

微博的出现，为高校班级管理提供了一种新途径。利用微博为师生搭建一个相互交流的平台，成为高校班级管理的新趋势。在此过程中，首先我们要明确管理思维创新的目标，这对有效地进行高校班级管理思维创新有着指导性意义。

班级管理思维创新的核心目标是学生的发展，高校班级管理的实质就是让学生的潜能得到尽可能的开发，其效力的提高需要加强信息化建设。微博的使用无疑给学生提供了一个思想交流、资源共享和互助互进的平台。微博班级管理是将微博运用于教育管理领域，以班级为单位建立集体微博，由班主任／辅导员和学生共同参与的管理思维创新模式，这就拉近了班主任／辅导员与学生、学生与学生间的距离，使得管理更为深入、细致，实现了二者零技术、零障碍的交流。

总体而言，高校微博班级管理目标，就是要追求班级管理的最大效益。辅导员、班主任除了与学生进行面对面的交流，班级微博可助其跨越时间和空间的限制，从学生更易接受的角度进行班级内部的深入了解和平等交流。通过微博的互动走进学生内心世界，发现每一位学生的特长，同时也能及早发现问题予以纠正处理。微博即时性的表达功能和便捷的互动交流功能不仅能提升班级思维的活跃度，增强班集体凝聚力，同时也使德育工作的开展更为人性化。

二、校园微博文化与高校班级管理的创新特点

第一，公开性特点。对于班级管理而言，公开、公平是十分重要的方面。班级是组成学校的最基本的单位，组成班级的是班级学生个体和教师等。班级微博的发布能够面向所有班级成员，一定程度上使得班务更加公开透明。而班主任或班级辅导员也可以将与班级建设和管理相关的信息发布在微博上，保证了信息的流通与量化、公开与透明，同时能够使班级决策具有说服力，增加班级凝聚力。

第二，民主性特点。理想的师生关系基本特征是"民主平等、相互配合、共享共创"。班级管理的民主性体现在相互尊重人格和权利、相互理解、平等对话上。利用微博进行班级管理思维创新比传统的班级管理更能吸引班级同学的参与。通过网络图像、表情、视频等媒介给网上班级活动带来更多乐趣。它比制度约束更能发挥作用。在微博中，学生是自由的，可以出谋划策，真正实现自主性；学生也可根据自己的实际情况去选择想要了解的内容，而不是被迫接受。因此，其更容易调动学生接受教育的主动性，更容易发挥他们的能动作用，也有利于受教育者的个性发展。

第三，开放性特点。利用微博进行高校班级管理是一种开放式的管理，在微博上，教师和学生，教育者和被教育者，管理者和被管理者的身份有所差别。在这里的管理者并不一定是领导、教师，可以是班级中的任何一个学生，学生可以根据自己的兴趣爱好，表达最真实的自己。对于班级博客的管理和维护，每个人都能够参与。

第四，互动性特点。互动性是利用微博进行班级管理思维创新的一大特点。在微博上，每一个参与者都可以在微博上表达自己的观点，发表一些感兴趣的话题，利用计算机、平板、手机上的微博客户端在任何时候、任何地点参与讨论，加深彼此的了解。而且这些讨论都会记录在微博上，供其他人查询和阅读，它有可能成为一个知识的精华区；在他人的微博上，学生也可直接点击进入，开拓了信息交流渠道。

三、校园微博文化与高校班级管理的创新内容

第一，目标与心态管理思维创新。在微博网络文化环境下，大学生理想人格被赋予了新的标准。在信息浪潮中，能够具备信息辨别和解读能力，养成良好的自我意识；在虚拟空间中，能够保持人格尊严和自我尊重，维持和谐友好的现实人际关系；在微博网络民主气氛中，关注、转发的信息文明健康，能积极参与文明社会的构建；在微博网络校园生活中，能够更加努力地学习专业知识，充分利用微博实现知识的实时更新。

第二，教学信息管理思维创新。在班级微博上，可以共享各任课教师的基本情况、班主任情况、学生情况、班委会情况、班干部情况等。除了教学信息的公示传达，更重要的是对教师的教学效果进行监督，教学质量的好与不好，都在微博平台上得以体现并

迅速传播，避免了学生有意见不敢提，不方便提的局面。其客观上对教师的"教"是一种督促和反馈，有利于教学相长。

第三，班级常规管理思维创新。在班级常规管理中，所涉及内容包括奖助学金、评优评干、考试报名、活动安排、个人信息、就业与考研等，学生只要登录微博就能清楚地了解本班的最新动态，及时获取最新的班级通知与活动组织信息，这就避免了信息传递的不及时和不到位，同时也提高了工作效率，是能够实现师生之间双赢的管理方式。

第二节　新媒体网络舆情机制与高校管理的创新

随着高校与社会关系的日益密切，关注度和期望值也持续走高，高校肩负着社会使命和社会责任，教育主管部门和高校应该从社会责任出发，有效提高管理创新能力，站在提高自身形象的角度，积极做好网络舆情管理工作。

一、新媒体网络舆情机制与高校管理的创新原则

第一，用事实说话，信息公开原则。高校应当加强信息公开工作，充分利用有效途径与网民保持良好的沟通和接触，充分尊重网民的知情权，即时发布官方信息，对网络质疑的内容主动解答，形成良好的互动，满足网民的信息需求，避免谣言等网络舆情滋生。

第二，真诚沟通，以人为本原则。在网络舆情应对中，要尊重网民的知情权和监督权，并结合网络舆情反映的内容，及时做好解决措施，把师生利益、高校形象作为决策的依据，最大限度地赢得网民、社会和师生的支持，共同努力解决网络舆情带来的负面影响。

第三，统筹协调，快速反应原则。网络事件发生后，马上能形成官方有效的回应，有效防止事件的进一步扩大。在高校网络舆情管理中，要求热点问题和重要舆情涉及的高校作为第一责任主体，学校负责人为第一责任人，快速组织各部门协商处理，明确工作，分头落实，积极回应。教育主管部门也要指导好高校应对工作，提高网络舆情应对的科学化水平。

第四，把好导向，维护校园稳定原则。教育主管部门要客观地分析网民关心的热点问题，能及时发现和回应不实信息，在第一时间发挥准确信息，掌握网络舆情的主导权，释放正能量，降低不良影响，维护校园稳定。

第五，形象建设与危机处理并重原则。当处理网络舆情时，要立足于高校自身形象建设的角度，积极听取高校管理工作的建议和意见，有效整改，及时通报，使教育主管

部门和高校更加具有公信力，这样能提高教育主管部门和高校的自身管理创新水平，得到社会更多的支持和拥护，提升形象。

二、新媒体网络舆情机制与高校管理的创新内容

在现实社会中，高校网络舆情管理同样要着眼于教育主管部门和高校的现实管理，要多跟实体部门沟通，处理好实体事件，将线上线下工作相互联动，以求网络舆情问题的解决。

网络舆情是把双刃剑，一方面是网络谣言、舆情危机事件等问题，另一方面网络舆情也能反映网民智慧合理化建议，有助于高校做出正面的决策。在现实管理中，要符合管理实际，为高等教育事业发展和社会稳定营造良好的舆情环境。

此外，高校网络舆情还应引入网络舆情监测技术，目前国内网络舆情监测的技术已有了飞速的发展，如中国人民大学、复旦大学、上海交通大学、清华大学、北京大学等高校目前已经建立舆情研究所，复旦大学的 CATI 调查系统、北京大学的 EPR 网络舆情应对平台等网络舆情监测和管理平台都有助于提升高校网络舆情管理的技术化水平。

第三节　微信公众平台与高校学生管理的创新

一、加强高校网络安全知识的传播思维创新

第一，引导高校自媒体发挥在正面网络舆情发布中的积极作用。"网络舆情范围广泛，传播速度快，功能强大，容易引发学生群体性事件，容易使得学校形象受到影响。"[①] 高校网络舆情在自媒体时代里，传播力和影响力不容忽视。几乎每个高校在微信上都有自己的公众平台，高校学生管理工作者合理地规划和适度地控制微信公众平台，利用舆论引导正能量消息的传播，积极与学生进行互动，并开展各种有组织的、创造性的主题活动，牢牢把握主动权。校园微信公众平台，将成为新的手段、工具来进行思想教育管理思维创新，对高校自媒体在网络舆情发布中发挥正面积极的作用有着重大意义。

第二，建立多层级互补合作，确保学生工作的全覆盖和高效率推进。媒体队伍的形成可以提高学校教育和学生管理在媒体传播思维创新方面的效果。一方面，在校园文化建设、心理健康教育、就业规划创业指导等方面，管理者根据学生习惯、学生爱好和学

---

① 胡凌霞.高校教育管理理念与思维创新 [M].长春：吉林大学出版社，2020：139.

生兴趣安排各种教育材料，开展信息管理。另一方面，团委学生会、高校学生社团聚集微信公众平台上，积极的信仰、态度和情感，与学生保持频繁广泛的接触，从自媒体微信公众平台上加强互动性和合作性；宣传、教学、后勤等关键部门是高校网络舆情工作参与的重点部门，也应该成为舆论工作的重点，因为高校基于微信公众平台的学生管理思维创新是特别注意、甄别的，信息发布要认真甄别，加以联动。

二、增强高校微信公众平台的运营管理思维创新

第一，合理定位平台，建设高校服务性微信公众平台。自我管理和建设的高校自媒体平台，要科学规划和合理定位。高校自媒体平台，要以思想道德思维创新教育和心理辅导为主要功能，可以用新闻和信息为主要特征的传播来建设微信服务工作平台。高校管理者操作官方微信公众平台，可以结合高校的实际情况，设置不同的类型、不同的功能、形式，结合主账号的子账号数目不同，但是一定要呼应主账号，相互配合。如学校团委、教务处、后勤处、学生处、办公室、宣传部、学生会等官方微信账号联动的发布与管理。基于自媒体微信公众平台的高校的学生管理思维创新先考虑自身定位的问题，再确定为学生服务的内容和推送的方式，及时收集学生的反馈意见和建议，更进一步地改进。这样能更有效地进行学生管理，达到事半功倍的效果。

第二，丰富议题内容，提升高校微信公众平台网络教育特色。目前，传统高校微信公众平台主要用于校园发布消息、学校的通知，在校内是宣传和传播的功能，是一个以学校为基础的自媒体平台，这样，还达不到学生管理思维创新的目的。高校要从自媒体平台上容易被学生接受，就必须站在学生的角度去思考问题并解决问题，对学生要具有亲和力，可以用一些平易近人的方式以及风趣幽默、活泼生动的语言，以吸引学生主动去了解、主动去关注的方式加强学生管理。还可以设置一些贴近学生生活的栏目，学习、就业、创业、爱好和其他主题的微信公众号，用诙谐的图片、发人深省的话来改变媒体的刻板印象以及发布原创信息，同时保持严谨务实的特色。

第三，提高微信公众平台后台技术和功能性，开发多样的平台推送形式。微信公众平台的后台操作相对复杂，需要强大的技术支持，这是实现创新的关键。目前大部分高校微信公众平台的技术运营团队实际情况是很薄弱的，管理者应重点加强技术培训，积极引进艺术、计算机等专业技术人员，加强网络传播管理队伍的建设。根据当前大学生的个性和兴趣，与大学生多多互动沟通，了解他们真正的需求，开发多样的平台推送形式，保持对高校微信平台的新鲜度以及对高校微信平台管理的认可度，才能更好地为学生管理工作服务。

三、构建高校微信公众平台的后台管理机制思维创新

近年来，随着微信自媒体的不断发展，教育部门积极探索利用微信公众平台等自媒体手段，微信公众平台已经成为教育宣传的重要平台。现在，微信公众平台后台，管理者可以在任意时间段查看用户数量和用户属性，分析统计用户关注人数增长或者减少；可以研究对阅读人数、转发人数的分析等有关统计，使统计更加全面和深入。高校微信公众平台是大学文化和特色的继承，其每天的推送内容，无时无刻不体现了学校形象和展示了其内涵。大学微信公众平台可直接与教学管理系统连接，使学生可以在微信公众平台里查看自己的课程考试结果、选修课等。学校应该做好微信公众平台内容推送的监管工作，在学校党委宣传领导下，做好线上线下宣传工作，提供有力的后台支持。

微信公众平台推送的信息有校内新闻和校内话题等。微信公众平台在校园的内容，一般而言，有校园新闻、原创的文章和图文并茂的消息。微信公众平台对学生用户的吸引力日益减少的原因就是重复地使用图文推送形式。作为一个具有学生管理平台作用的微信公众号，应该推送各种形式的消息，灵活变通，积极开发其他功能以及对微信公众平台后台技术的处理。拥有强大的技术支撑，才能实现思维创新。管理者应该加强管理者思想和技术的培训，积极引进美术、中文、技术方面的人才，加强网络传播管理队伍的建设，才能更好地为学生管理工作服务。

第四节 区域教育信息化与高校教育均衡的创新

在云计算以及大数据等现代信息科技的迅猛进步过程中，互联网的集成性和规模在不断增大。在教育信息化的实践过程当中，以往教育信息化通常是将学校作为单位实施的，这样的操作方法非常简便，可操作性强，但是也存在着很大的缺陷，那就是会造成不同学校间重复建设、资源浪费、数据不能互相联通共享等多个方面的问题，出现信息孤岛现象，让资源共享和资源利用率提升的目标无法达成。所以，将区县作为重要单位建立起来的区域教育信息化开始得到了重视，也受到了社会各界的关注与支持。"区域教育信息化，把整个区域当作是重要载体，实施教育信息化顶层设计，积极构建集中性数据中心，对多元化的教育数据进行收集处理与反馈，给教育大数据的产生应用创造了良好条件。"[①]

---

① 林榕. 大数据背景下高校教育管理信息化发展与创新研究 [M]. 长春：吉林大学出版社，2019：136.

区域教育信息化建设的核心是数据，根本是课堂，重点以及关键点是应用，突破点则是创新。区域教育信息化的推广应用让教育信息化工程实践当中的诸多关键性要素得到合理化的调配，促进供需平衡目标的达成，同时也有助于满足学校与学生个性化发展的实际需要。在区域教育信息化持续发展和进步的过程中，教育资源与管理服务平台建成，各类教育教学平台建设完成，会聚集更大规模的教育资源与管理信息，建成能够支撑教育教学以及教育管理的综合教育大数据。借助大数据技术可以有效获得学习进程当中产生的一系列动态数据资料，让教学的整个过程被充分记录下来，这样获得的数据资料比以往的数据更为全面和更具有真实性。有关教育机构可以借助数据准确了解教育教学的实际情况，保证教育决策的制定拥有正确和全面的根据。

发挥大数据技术在数据收集追踪等方面的优势，对所获数据展开全面综合统计研究与挖掘，能够极大程度地拓展学生的学习与成才机会，与此同时，还可以获得全面科学的发展评估报告。教育大数据可以研究教师专业化成长的信息，有效发现教师在教育教学工作当中存在的优势和缺陷，督促教师专业化进步，与此同时，还能够促进教师资源的合理化分配，让学校可以充分发挥自身的特色。大数据可以给师生的个性化学习提供坚实平台，推动个性化教育目标的达成；可以让区域教育聚焦于师生和学校，让均衡发展和个性化进步协调一致；可以准确把握与评估区域教育现况，预测将来的发展态势，让区域教育均衡进步，彻底改变过去经验主义的决策制定方法，把客观数据作为根本依托，提高决策的科学性与准确性，让全域教育改革成效进一步增强。

在大数据背景下，大量教育数据的生成让区域教育走均衡发展道路，拥有了创造性的思路与启发，也为灵活科学地应用大数据技术推动区域教育发展拓宽了渠道。在如今这个大数据时代，为了促进区域教育又好又快以及均衡性发展，一定要将数据作为重要根据，掌握区域教育的动态发展情况，充分发挥大数据技术的利用价值，从教育环境、资源、机会与质量均衡这几个方面着手，多角度和多领域地助推区域教育均衡进步。

参考文献

[1]查紫阳.大数据背景下高等教育管理模式改革研究[J].中国高校科技,2017
   (11):82⁻83.

[2]程开元.高校学生管理的改革与创新[J].智库时代,2018(39):67+69.

[3]邓薇.大数据时代下高校管理信息化创新发展路径研究[J].佳木斯职业学院学
   报,2021,37(10):132.

[4]范永裁.民办高校教育质量管理研究[J].新教育时代电子杂志(教师版),2015
   (10):30.

[5]胡凌霞.高校教育管理理念与思维创新[J].长春:吉林大学出版社,2020.

[6]胡娴.网络媒体环境下高校学生管理的方向与路径[J].教育理论与实践,2019,
   39(12):12⁻14.

[7]康雅丹.民办高校教育高质量发展评价指标体系的构建[J].福建轻纺,2022
   (9):70.

[8]雷明.高校教育管理中的流程再造初探[J].中国成人教育,2018(16):56⁻59.

[9]李彬,范木杰,崔硼.大数据时代教育管理信息化建设与创新发展研究[J].情报
   科学,2021,39(10):101⁻106.

[10]李慧,王章硕.信息化背景下高校学生管理创新分析[J].大学,2022(20):33.

[11]李巍.新常态背景下高校学生管理工作的创新机制研究[J].湖北函授大学学
   报,2018,31(8):44⁻45.

[12]林榕.大数据背景下高校教育管理信息化发展与创新研究[M].长春:吉林大学
   出版社,2019.

[13]刘奎汝.解析大数据时代高校行政管理信息化建设[J].中外企业家,2020
   (18):40.

[14]刘瑞丽.大数据时代高校教育管理的走向及实现路径[J].环渤海经济瞭望,
   2020(5):138.

[15]刘占凯.信息化背景下高校学生管理创新思路研究[J].办公自动化,2022,27

（18）：62.

[16]罗勇，杜建宾，诸云.高校辅导员学生教育管理工作的精细化[J].教育与职业，2014（23）：40 ̄41.

[17]麻志毅，李梅.高校信息化建设中的变化适应性解决方案[J].现代教育技术，2018，28（6）：25 ̄31.

[18]孟宁，冯琳.基于教育大数据的高校线上教学质量评价指标体系研究[J].大学教育，2021（8）：191.

[19]宁睿.高校学生管理的强化路径与价值讨论[J].现代营销（创富信息版），2018（10）：162.

[20]潘中祥.基于互联网思维的高校学生管理工作路径转型[J].高教探索，2019（2）：35 ̄39.

[21]裴华.基于"互联网+教育"的高校教学质量评价体系建设[J].文教资料，2021（14）：165.

[22]申亚楠.高校学生管理存在问题与对策[J].中国成人教育，2018（8）：56 ̄57.

[23]田生湖，赵学敏.我国高校信息化教学的现状、趋势与发展策略[J].当代教育科学，2016（11）：39.

[24]王调江.大数据平台建设对高校思想政治教育管理体系的作用研究[J].创新创业理论研究与实践，2021，4（24）：155.

[25]王海林.基于ISO 9000族标准的高校教育质量管理体系应用研究[J].中国成人教育，2014（19）：27.

[26]王金祥.高校学生管理工作研究[M].沈阳：辽宁大学出版社，2012.

[27]王磊.加强高校教育管理信息化建设研究[J].微电机，2021，54（3）：120.

[28]王琪.高校人力资源管理与行政改革研究[M].北京：北京工业大学出版社，2018.

[29]武毅英，王志军.教育部直属高校毕业生就业质量评价体系探析——基于教育部直属高校2013年就业质量年度报告的数据[J].江苏高教，2015（1）：100.

[30]熊桂芳，郭润平.大数据时代下的高校教育管理信息化创新路径分析[J].科技资讯，2022，20（8）：16.

[31]徐明宇，张厚军.信息化与高校教育管理创新[J].中国高校科技，2014（11）：94 ̄96.

[32] 于凡.教育大数据视阈下高校教学质量评价体系的相关研究[J].黑龙江教师发展学院学报,2022,41(9):34.

[33] 袁兴梅.基于大数据的高校学生教育管理研究[J].中国成人教育,2018(24):34‾36.

[34] 张嘉志.信息化教学方法与技术[M].北京:北京师范大学出版社,2011.

[35] 张洁.试论创新教育理念下的高校教育管理[J].山西青年,2022(9):180.

[36] 张磊.新媒体背景下加强高校学生管理的对策探析[J].现代经济信息,2018(13):439.

[37] 张庆晓,傅惠鹃,孟春阳.高校教育质量管理中运用ISO 9000质量管理体系的研究[J].江西理工大学学报,2016,37(6):51.

[38] 张秋霞.高校教育质量管理制度创新与执行力的实践探究[J].魅力中国,2020(47):339.